北京文旅行业
服务纠纷调解
与裁判规则详解

第一辑

北京市文化和旅游局市场质量监督与咨询服务中心◎编著

中国旅游出版社

编委会

序

　　党的十八大以来，以习近平同志为核心的党中央高度重视文化和旅游工作。习近平总书记发表一系列重要论述、作出一系列重要指示，为我们做好工作提供了根本遵循、指明了前进方向。我们要深刻领悟新时代文化和旅游工作的新使命，深刻把握建设社会主义文化强国宏伟目标的核心要义，深刻把握文化建设和旅游高质量发展的根本要求，深刻把握文化和旅游融合发展的战略部署，不断将习近平总书记关于文化和旅游工作的重要指示批示精神落到实处、抓出实效。

　　立足首都丰富的文旅资源禀赋，坚定文化自信，推进旅游为民，推动首都文化和旅游高质量发展不断迈上新台阶是我们工作的重点。要充分认识新时代文化和旅游高质量发展的重要意义，准确把握文化和旅游高质量发展的基本要求，切实认清首都文化和旅游高质量发展面临的机遇和挑战，不断推动首都社会发展、经济增长、人民幸福和对外交流等。

　　从政府文旅管理职责上看，文旅行业点多面广，涉及的法律法规、规范性文件种类繁多。加之互联网的发展和新技术的应用，都为我们在后疫情时代加强行业管理、优化营商环境提出了更高要求。抓好旅游景区、旅行社、宾馆饭店、文娱场所、剧本娱乐等行业日常监管，落实营利性文化艺术类校外培训机构相关政策，加强住宿业信息平台建设，强化文化和旅游安全生产责任制落实，推进行业安全风险分级管控和隐患排查治理体系建设，都是北京市文化和旅游局常抓不懈的工作内容。

北京市文化和旅游局市场质量监督与咨询服务中心的同志承担着我局12345服务热线以及投诉接访等大量群众服务工作，在本书中，他们结合我局的工作实际，运用相关法律知识和经验积累，编写了《北京文旅行业服务纠纷调解与裁判规则详解（第一辑）》。书中既收集了文旅行业带有普遍性的问题，又收集了具有不同业态特点的个性问题，这些问题既是人民群众深恶痛绝的问题，又是我们依法治理的重点。对这些问题如何依法处理，广大消费者如何依法维权，文旅企业如何规范经营，在此书中都有可以借鉴的答案。我相信此书的出版对全市文旅行业服务的提质增效、定分止争、健康发展具有积极意义。

杨烁

2024年4月8日

前　言

　　《北京文旅行业服务纠纷调解与裁判规则详解（第一辑）》，在广大读者和文旅行业管理、调解工作者的期待下，在各级领导的支持下终于即将出版了。受疫情等影响，文旅行业遭受重大损失，许多企业举步维艰、从业人员纷纷转行，客观上难以适应后疫情时代迅猛增长的消费需求，导致以往固有的和新形式的违法违规现象有所抬头。随着文化和旅游行业进一步深度融合，2021年北京市旅行社服务质量监督管理所更名为北京市文化和旅游局市场质量监督与咨询服务中心，相关工作职能也进行了调整。按照党中央努力促进经济增长和优化营商环境的工作部署，北京市文化和旅游局市场质量监督与咨询服务中心在局党组和上级机关的领导下，克服人员少、新情况多、相关业态和职能交叉政策不完善的困难，团结一心，较好地完成了本职工作。结合近两年来处理12345热线电话和纠纷调解工作的体会，经过梳理和归纳总结编写了此书。

　　本书共11章，分为通用重点问题篇、专有服务质量问题篇，收录了71个案例。其中，通用重点问题篇主要针对文旅行业各业态的共性问题，专有服务质量问题篇主要针对文旅行业各业态个性问题。

以"案例要旨""基本案情及处理结果""评析指引"的体例结构，对业内投诉较为集中、广大消费者反映强烈的几类问题或违法现象，以现实案例为依托，以相关法律法规为依据，有针对性地进行了评析。内容涉及旅游或校外文化培训机构预付费、合同违约、文化演出管理、旅游网络营销、个人信息保护与知识产权、旅游安全、虚假宣传等，业态涉及演出、娱乐、旅游、酒店、景区、旅行社、校外文化培训、电商平台、文化场馆等。

鉴于文旅融合以后，北京市文化和旅游局的政府管理职责涉及文化和旅游行业的多种业态，本书挑选了各业态中有代表性、问题相对集中的案例进行了评析，既配合了局机关各处室的行业管理工作，又体现了市文旅局行业管理工作的多样性与全面性。

文化和旅游行业说到底是服务行业，文化和旅游服务质量的高低，关乎全行业的发展，关乎企业的生存，关乎广大消费者的幸福感、获得感，也关乎我们的文化自信。因此，不解决好服务质量问题，不处理好投诉纠纷，文化和旅游行业就无法得到健康发展。正是基于此，编者试图通过此书，为广大消费者以及文旅企业的经营活动、行业管理部门的管理工作提供借鉴和帮助。

在本书的编写中，我们邀请了专业的文旅律师团队，协助编者完成书稿的选题、研讨、编写工作，多数案例是文旅局质监中心调解员或律师亲自办理的案件，因此在案例要旨和评析指引上，有着切身的体会和独到的见解，欲与读者分享。

当然，本书的观点可能存在不完善、不成熟之处，欢迎各位读者朋友予以批评指正，共同为文旅行业的发展贡献力量。

北京市文化和旅游局市场质量监督与咨询服务中心

2024 年 3 月 25 日

目　录

第二章 文化、娱乐、演出经营活动 / 186

通用重点问题篇

第一章　预付费纠纷

一、充卡赠送的金额能否退还

〔案例要旨〕

非因消费者个人原因解约且约定不明的，赠送金额应按充值与赠送比例返还。

〔基本案情及处理结果〕

张某在某公司经营的舞蹈工作室为女儿续报舞蹈培训课程，培训地点为该公司距张某住址较近的一家分店。张某预存费用20000元，公司赠充8500元。张某正常消费至4595元时，该公司因经营问题关闭该分店，并告知张某可以去该公司其他分店继续使用，张某认为其他分店距其住址较远，不予同意，双方就解约及退款问题未能达成一致。

张某投诉至公司所在地区文旅局，主张解除合同，并认为赠送金额自到卡内账户时已归其享有，故主张退还卡内全部余额 23905 元（20000 元 +8500 元 −4595 元）。公司不同意解除合同，且称赠送金额只能用于消费，不能用于退还，即便退款也只能退 15405 元（20000 元 −4595 元）。

区文旅局调解员认为，张某订立合同的目的是让其女儿参加舞蹈培训课程，需考虑儿童的安全、时间、距离、场地设施等多种因素。现培训场地发生了变化，影响了张某合同目的的实现，张某有权提出解除合同，公司应退还预付款给张某。双方订立合同时，实行充值赠送模式，赠送的消费额度属于为鼓励消费者预充值的优惠策略，并非无条件的无偿赠予，并不完全归属于张某所有；但公司作为经营者，未事先向张某明确说明非消费者原因解约时消费金额如何计算以及赠送金额如何扣费等事宜，现张某非因个人原因单方解除，基于公正原则，充值金额与赠送金额应按比例同步消费、同步退还，建议按本金扣除消费金额的 70.175%（为 20000 元预存数额占账户总数额 28500 元的比例）计算退还数额，即 23905 元（28500 元 −4595 元）× 70.175%=16775.33 元。

最终，双方基本接受了调解意见，公司退还张某 16775 元。

［评析指引］

因合同履行地点及方式客观发生变化，影响消费者合同目的的实现时，消费者有权提出解除合同，经营者应退还未消费的预付款。

经营者承诺的"赠送金额"系经营者对自身权益的处分，但经营者承诺的"赠送金额"其实质就是给原价打个折，只不过不是直接在原价上打折，而是用赠送金额抵扣打折的这部分价款；比如充100元，赠100元，在无特殊约定情况下，其实质就是原价打5折，付款方式为消费者充值部分付50%，另50%由赠送金额同比例扣除；因而，经营者促销的充值赠送金额并不等同于赠予合同中的无偿赠予。

因此，若没有明确约定（即便有约定也应具有公平合理性、消费者明确知晓且认可），则赠送金额与消费金额发生混合，消费时并不应区分其消费的金额系赠送金额还是充值金额，返还时应遵循公平原则，按照充值优惠比例返还。

（撰稿人：张亚东律师）

二、约定"过时不退"能否成为"一分不退"的理由

[案例要旨]

预付消费，是服务消费领域常见的销售模式，在店堂告示或格式合同中常见到"开课以后概不退款""期限至某某日截止，过期不退"的表述。这种规定有效吗？另外，消费者想什么时候退就什么时候退，没花的钱必须全额拿回来，能被全部支持吗？这些问题在文旅消费领域经常遇到。本案例试图通过相关法律规定，解释双方观点的对与错，以化解矛盾解决纠纷。

〔基本案情及处理结果〕

2022 年 8 月，王某为了充实自己的业余生活，头脑一热在某网上购买了某教育科技公司推出的书法课程。合同约定，支付课程费 30050 元，课程有效期为开课后的一年，且自课程开始之日起 60 天后，学员不可解除合同及要求退费。上了几节课后，王某觉得总写那几个字枯燥无味，就再没有预约去上课。开课已过半年，该公司曾电话提醒王某上课，但王某仍未去上课。2023 年 6 月随着疫情的缓解，王某打算出去旅游，就想到了要求教育科技公司退款，该公司不同意退款，称在当初买课时公司已明示开课 60 天以后，学员无权解除合同及要求退款。

王某认为自己一共没上几节课，过了期限后，自己的好几万块钱就打了水漂，非常不公平。遂投诉至该公司所在地区文旅局，要求解除合同并退还全部课程费用。

该文旅局调解员认为，王某以预付费方式购买了全部课程，教育科技公司以格式合同的形式约定"课程开始之日起 60 天后，学员不可解除或者要求退费的条款"侵害了消费者权益，对学员一方无约束力，且其违反了《北京市单用途预付卡管理条例》的规定。

但合同中约定的上课规则王某是同意遵守的，对其具有法律效力，王某因自己的原因未能上课，该教育科技公司虽未提供授课服务，但在此期间，该机构也曾电话提醒王某上课，尽到了合理的提示义务。在办学中培训机构都是根据学员的报名情况，安排师资、教室等，不会因学员中途不来而缩减成本。基于契约精神，该教育机构如教室的租赁、水电费及人工成本等费用已经支出，王某因个人没上课而要求全部退费，对培训机构有失公平。

最终，双方接受调解意见，该教育科技公司与王某解除合同，并且退还课程费 20000 元。

[评析指引]

从消费者方面来说，服务类合同基于人身属性，不能强制必须履行或继续履行，消费者具有法定解除权。但这并不代表消费者因自身原因解除合同不承担任何责任/不负任何代价；从经营者方面来说，如因自身原因违约应当承担违约责任，如因客人单方解除合同，也不是所有预付费都"概不退款"，自然归经营者所有。

该类投诉在营利性校外文化培训机构业态中时有发生。首先，《中华人民共和国民法典》第四百九十六条规定：格式条款是当事人为了重复使用而预先拟定，并在订立合同时未与对方协商的条款。采用格式条款订立合同的，提供格式条款的一方应当遵循公平原则确定当事人之间的权利和义务，并采取合理的方式提示对方注意免除或者减轻其责任等与对方有重大利害关系的条款，按照对方的要求，对该条款予以说明。提供格式条款的一方未履行提示或者说明义务，致使对方没有注意或者理解与其有重大利害关系的条款的，对方可以主张该条款不成为合同的内容。培训机构在签订合同时，对格式合同中对消费者不利的条款，没有进行重点说明，没有足以引起消费者重视，培训机构拟订的格式条款明显加重了消费者的义务，减轻了自己的责任，因此"概不退款"对王某没有约束力。另外，如前所述，培训机构因学员的解约，可能会发生已支付的无法退还的费用，要求将没上课的费用一概退回，不考虑企业经营成本，也不符合契约精神。另外，《北京市单用途预付卡管理条例》已于2022年6月1日起施行。《北京市营利性文化艺术类校外培训机构培训课程预付费管理办法（试行）》自2023年4月10日起实行，培训机构没有按上述规定，在指定银行开设存管账户，没有将预付费存入存管账户，也存在过错。

故调解员在调解过程中引导双方在自愿平等、互谅互让的基础上，王某与该公司达成和解，以避免双方对簿公堂，造成不必要损失的后果。

（撰稿人：李川律师　杨建蕊律师）

第二章　提前解约退费

一、发生不可抗力导致旅游合同解除，旅行社应如何退费

〔案例要旨〕

在合同签订后至旅游结束前的期间内，随时有可能发生不可抗力导致旅游合同被迫解除的情形，但关于旅行社退费多少一直都是争议的焦点，旅行社主张按照其未实际发生的费用退还，而旅游者主张应在扣除自己已享受服务对应的成本价后退还剩余全部款项。依据《中华人民共和国旅游法》的规定，因不可抗力原因导致旅游合同无法继续履行继而解除的，旅行社应扣除已向地接社、履行辅助人支付且不可退还的费用后将剩余款项退还。

〔基本案情及处理结果〕

旅游者万女士投诉：2023 年 7 月 27 日，向北京某旅行社客服交纳定金 400 元，预订 6 天 5 晚北京游。7 月 30 日，到北京入住酒店

时签订书面旅游合同，约定旅游时间为 7 月 30 日到 8 月 3 日，之后按照双方微信确认的金额向旅行社补交了剩余款项 4580 元。因北京自 7 月 30 日开始一直下大暴雨无法出行，万女士自 7 月 30 日入住酒店到 8 月 2 日离开，旅行社未为旅游者提供任何服务，只能待在酒店。因提前预订了 8 月 3 日早 7 点的飞机，万女士于 8 月 2 日提前退房自行安排之后的行程，整个过程旅行社只安排了 3 天酒店住宿，现在要求旅行社退款，旅行社只同意退还未发生的门票等费用 800 元，万女士主张扣除酒店费用后旅行社应退还剩余费用 3960 元，故投诉旅行社要求退款。

旅行社答辩：万女士一行于 7 月 30 日报名参加 6 天 5 晚跟团游玩项目，因当时遇上天气自然灾害不可抗力因素即北京暴雨，所有景点关闭，所以万女士一行人在参加了一天团后，第二天临时决定退团，因此旅行社决定把未产生的费用、景点门票加酒店费用合计880 元退给万女士，万女士不同意，坚持按照她认为产生的费用，要求退还 3960 元，双方争议较大。旅游旺季旅行社需要提前约定车位、导游、操作人员约票服务费并支付了费用，万女士认为未享受全部服务，不应扣除服务费。但是相关费用已经产生，费用详情明细如下：接站费、住宿、抢票保票费、操作服务费、车位导游费，均应予以扣除，将剩余费用退还。

文旅局质监中心调解员提出：因暴雨无法出行，且主管机关已发文要求暂停旅游业务，双方未按照原合同约定履行属于不可抗力原因导致合同无法继续履行，双方均无过错。依据《中华人民共和国旅游法》第六十七条第二款的规定合同解除的，组团社应当在扣除已向地接社或者履行辅助人支付且不可退还的费用后，将余款退还旅游者；本案中北京某旅行社既是组团社也是地接社，所以其在扣除旅游者已经享受的服务费用、已向履行辅助人支付且不可退还的费用后，应该将余款退还旅游者。本案旅行社已为万女士提供了接机服务、酒店住宿服务，对应的服务费用应予以扣除，其主张的已向用车公司支付车位费用应提供已实际支付且不可退还的依据，否则不应被支持，其他费用属于旅行社经营成本不属于旅游者应承担的部分，故不应扣除。后经过调解，双方达成一致意见，旅行社退还 3500 元。

[评析指引]

因不可抗力原因解除合同的，依据《中华人民共和国民法典》的规定，实行公平原则，就履行合同产生的损失应双方共担。依据《中华人民共和国旅游法》第六十七条规定，因不可抗力导致合同解除的，组团社应当在扣除已向地接社或者履行辅助人支付且不可退还的费用后，将余款退还旅游者；合同变更的，因此增加的费用由旅游者承担，减少的费用退还旅游者。《中华人民共和国旅游法》是旅游行业的特别法，因旅游合同发生纠纷应优先适用《中华人民共和国旅游法》的相关规定。

依据《中华人民共和国旅游法》第六十七条的规定，组团社可以扣除的费用是指已向地接社或者履行辅助人支付且不可退还的费用。依据《中华人民共和国旅游法》第一百一十一条规定，地接社是指接受组团社委托，在目的地接待旅游者的旅行社。履行辅助人是指与旅行社存在合同关系，协助其履行包价旅游合同义务，实际提供相关服务的法人或者自然人。

同时，扣除的费用是旅行社在发生不可抗力之前已实际支付且不可退还的费用，无论该费用对应的服务是否已经实际享受均由旅游者承担，但旅行社应提供相应的支付凭证等予以证明，包括但不限于预订订单、支付凭证、发生不可抗力后要求返还的沟通记录等；此外，旅行社不得扣除经营成本，但旅游者已享受服务项目对应的服务费可以扣除。上述案例中旅行社主张的抢票及保票费、操作人员服务费、导游服务费用均属于旅行社应承担的经营成本，故不应扣除。

（撰稿人：苗慧敏律师）

二、不可抗力原因导致合同不能继续履行，双方均有权单方解除合同

［案例要旨］

旅游者与旅行社形成旅游合同关系后，因不可抗力或者旅行社、履行辅助人已尽合理注意义务仍不能避免的事件，导致合同不能继续履行的，旅行社和旅游者均可以单方解除合同。如在旅行过程中发生不可抗力导致合同无法继续履行造成旅游者滞留的，旅行社应

当采取相应的安置措施。

[基本案情及处理结果]

旅游者徐女士投诉：2023 年 3 月 18 日通过某研学旅行社报名 7 天的北京夏令营活动，交费 8980 元，出行时间为：2023 年 7 月 31 日至 8 月 6 日。2023 年 7 月 30 日晚 5 点左右徐女士接到该研学旅行社电话称因北京近日有台风，北京市文旅部门发布通知，要求停止所有旅游接待活动，所以要求徐女士配合取消，后直接就将徐女士的旅行取消了，没有征求其本人的意愿，没有任何沟通、商量。徐女士认为旅行社应与自己协商变更行程而不是单方擅自取消行程，故旅行社违反合同约定应退还全部款项并赔偿由此给自己造成的损失，包括已经为孩子购买的往返机票（如果取消发生退票损失，该损失应由研学旅行社承担）。并且，因孩子参加夏令营，徐女士本人也为自己安排了其他目的地的出游行程，现在研学旅行社取消行程后孩子没有去处，其本人也不得不取消其他行程，取消行程产生的损失应由旅行社承担赔偿责任。

旅行社答辩：2023 年 7 月 30 日收到文旅局的通知，因台风要求取消所有行程，我社经过研究考虑到孩子的人身安全及双方的损失，决定取消旅游行程安排，并于 2023 年 7 月 30 日下午 5 点左右通知了徐女士，依据法律规定旅行社仅需扣除已实际发生且不可退还的费用后将剩余费用退还徐女士，故不同意承担徐女士的损失。

北京市文旅局质监中心调解员向徐女士释明，北京市文旅局 2023 年 7 月 30 日发布《北京市启动防汛红色预警响应　市文化和旅游局发布安全提示》，通知全市已启动防汛红色预警响应，根据防汛应急预案，须关闭全市所有景区，并做好受威胁旅游者疏散避险工作；暂停旅行社旅游活动，并尽到安全告知提示义务。该次暂停旅行社旅游活动属于不可抗力原因所致，依据《中华人民共和国旅游法》第六十七条的规定，合同双方均有权解除合同，故本案中研学旅行社单方解除合同没有过错，不应承担赔偿责任。但是，关于旅行社需要扣除相应的费用应提供合法有效的凭证，否则也不应被支持。

经过调解，双方同意旅行社全额退还款项，徐女士所称损失由其自行承担，旅行社也承诺如徐女士再次报名，将给予适当优惠。

〔评析指引〕

依据《中华人民共和国旅游法》第六十七条第一款的规定，因不可抗力或者旅行社、履行辅助人已尽合理注意义务仍不能避免的事件，影响旅游行程的，按照下列情形处理：合同不能继续履行的，旅行社和旅游者均可以解除合同。合同不能完全履行的，旅行社经向旅游者作出说明，可以在合理范围内变更合同；旅游者不同意变更的，可以解除合同。

也就是说，因不可抗力原因导致合同无法继续履行的，旅游者、旅行社均可以解除合同，无须经过对方同意。因不能按照原合同继续履行需要变更的，应在合理的范围内变更合同并且需要经过旅游者同意方可变更，如果双方无法达成一致意见，也均可以解除合同。合同无法继续履行旅游者提出变更合同的，旅行社也有权依据自身安排、成本考虑等拒绝旅游者的要求。但是，如果在行程过程中无法继续履行又无法变更合同导致旅游者滞留当地的，依据第三款的规定，旅行社应当采取相应的安置措施，不过当地滞留期间发生的食宿费用由旅游者承担。同时，不管哪一方解除合同，依据《中华人民共和国旅游法》第六十七条的规定，旅行社已向地接社或履行辅助人支付且不可退还的费用由旅游者承担，但旅行社应提供有效的证据，否则不应被支持。

最后，虽然法律规定发生不可抗力导致合同无法继续履行时旅行社有权单方解除合同，但旅行社作为服务方应向旅游者作出充分的说明，征得旅游者理解，避免纠纷发生。

（撰稿人：苗慧敏律师）

三、人来了票没约上，旅行社是否承担责任

〔案例要旨〕

旅行社在合同中约定预约制景点并非最终游览项目的，并不违反法律强制性规定，但如果旅行社未履行详细说明与显著提示义务，预约制景点仍为旅游合同的行程内容，旅行社应当按照约定履行，并不得擅自变更旅游行程安排。

〔基本案情及处理结果〕

旅游者王先生投诉称：2023年暑期，清华、北大恢复校外参观后，其通过宣传单给孩子报了A旅行社组织的五日北京研学营，报名费用3480元。清华/北大、鸟巢＋水立方、中国科技馆、国家博物馆/首都博物馆、故宫博物院均被明确列入了研学营宣传单中。然而实际行程令其大失所望，清华、北大校门都没进去，只是在校门口拍照打卡，根本没按报名行程内容执行，旅行社也不和家长商量，私自取消行程。王先生认为出现提前报名却临期被告知无法进入的情况非常恶劣，这次出行让孩子感受顶级学府的目的完全没有达到，便投诉至北京市文旅局质监中心要求旅行社退还一半的款项。

A旅行社接诉后回应称：双方签订的《团队境内旅游合同》附件行程单已反复对可能预约不上的情况及处理办法进行了约定，其温馨提示部分载明："（3）故宫、清华、北大等知名景区大幅限流，预约抢票可能导致景点预约不上，若万一出现上述情况，旅行社将更换为其他景区或退还旅游者相应景区门票费用。（4）因北京各大景点门票存在预约制和政策性管控，旅游景区和行程根据实际情况进行调整和变更，旅行社不承担违约责任。（6）因北京各大景点门票均为预约制，导游会根据预约日期对行程的先后顺序进行调整，预约不到的，旅行社及导游可根据实际情况调整其他景点，旅游者知晓此风险，并承诺不因此追究或投诉。门票差价多退少补。"同时，本社也已经就未能参观清华、北大事宜另外安排了一个景点进行补救，因此，不同意王先生的诉求。

调解过程中，旅游者王先生回应称，其报名此次行程的主要目的即是让孩子参观清华、北大，而 A 旅行社在其订购行程时并未告知行程单中所谓的温馨提示内容，旅行社工作人员当时只说这些景点需要预约，并承诺了一定会尽力满足其需求，其也以为这只是意味着参观需要提前定日子而已，如果旅行社当时即告知预约不上的可能性很大，自己基本就不报名了，更重要的是，没有预约上绝对不会是行程开始后才会知晓，而旅行社并没有在第一时间告知其没有预约成功，如果当即告知了其一定会退团，而不至于最终参加了一个不符合自己初衷的团，特别是所谓因补救而安排的景点完全和清华、北大不是一个档次的，浪费了金钱，更浪费了时间和感情，因此其要求退还一半团款绝不过分。

经核实双方提供的宣传单、旅游合同与行程单、沟通记录等，行程单中确有旅行社辩称的温馨提示内容，但并未加粗加黑重点显示，同时，可显示的记录中，未有旅行社告知预约风险、未于行程前告知预约失败等信息；宣传单等报名材料中，显示有清华、北大，但未将清华、北大作为行程核心项目来进行突出展示。

本案中，王先生认可旅行社已经告知其部分景点需要预约，但是不认可旅行社已将预约失败的风险及预约失败后的处理规则予以告知、说明，且行程单中温馨提示部分并未显著提示，因而，对于旅行社辩称的王先生已经认可预约不上的后续处理方式，继而无须再行告知是否预约成功的意见，调解员不予采信。

《中华人民共和国旅游法》第九条第二款明确规定，旅游者有权知悉其购买的旅游产品和服务的真实情况。A 旅行社应当在获知未能预约成功后及时告知王先生，并由王先生决定是否继续参团，或由王先生确认最终的行程安排。而 A 旅行社非但没有及时告知，同时其调整后的游览项目也未经王先生书面确认（即便看其行程单温馨提示部分，亦未明确补救、标注替换项目的具体名称等情况）。

综上，结合宣传单中的列出情况，清华、北大项目可以视作本次行程的组成部分，A 旅行社未能安排的，建议按照《旅行社服务质量赔偿标准》第十条第（一）项中"遗漏无门票景点的，每遗漏一处旅行社向旅游者支付旅游费用总额 5% 的违约金"之标准赔偿。

此外，虽然相关团档资料中均未将清华、北大作为核心项目进行宣传，王先生亦未事先明确提出，但是考虑到研学团的性质，可以认定这两处游览项目对于本次合同的订立、履行比较重要。加之旅行社变更行程的情况，建议旅行社着重考虑，提高退赔额度。

最后，双方达成了旅行社退赔其 700 元（约为旅游费用的 20%）的一致意见，和解结案。

［评析指引］

《中华人民共和国旅游法》第五十八条第一款及《旅行社条例》第二十八条均要求，旅行社为旅游者提供服务，应当与旅游者签订旅游合同并载明游览项目的具体内容及时间。《中华人民共和国旅游法》第六十九条同时规定，旅行社应当按照包价旅游合同的约定履行义务，不得擅自变更旅游行程安排。但是，相关规定并未禁止对于合同订立时尚不能确认的游览项目进行约定，根据民事自愿原则，旅行社可以在旅游合同中与旅游者约定需预约、需抢票景点的特殊处理规则。

不过,《中华人民共和国旅游法》第五十八条第二款及《旅行社条例》第二十九条明确规定,订立包价旅游合同时,旅行社应当向旅游者详细说明游览、娱乐等项目的具体内容和时间。旅行社在与旅游者签订旅游合同时,应当对旅游合同的具体内容作出真实、准确、完整的说明。而旅行社提供的合同又属于典型的格式合同,因此,旅行社应在旅游者报名时,详细说明游览、拟游览、不确定能否游览项目的全面情况,并按照《中华人民共和国消费者权益保护法》第二十六条的规定,在合同中以显著方式提请旅游者注意,以保障旅游者的知情权,继而选择权,否则,旅游者可以主张相关条款不构成合同的内容。

(撰稿人:张亚东律师)

四、人数不够可以成为旅行社取消行程的免责事由吗

[案例要旨]

旅行社以"未达到约定成团人数"为由解除合同的,应就"未达到约定人数"进行举证,且在法律规定的期限内提出,否则取消行程应承担违约责任。

〔基本案情及处理结果〕

旅游者王先生投诉称：2023 年 3 月 23 日，其通过某在线旅游平台向 A 旅行社预订了 4 月 30 日出发北京 2 晚 3 日纯玩团，并支付旅游费用 1797 元（599 元／人×3）。4 月 23 日，A 旅行社业务员微信告知可能不能成团，原因是酒店那边出现了问题，当日晚些时候，A 旅行社通过平台正式通知王先生因本团未达到成团人数，故行程取消，退还全部款项。王先生认为，旅行社想临期涨价、优先服务近期高价购买的旅游者才是原因，旅行社单方解除合同，没有任何法律依据，已构成欺诈，应当承担赔偿其团款三倍的责任。

A 旅行社接诉后回应称：其不存在违约更不存在欺诈行为，王先生购买的产品因截至出发前 7 日仍未达到成团人数，其立即告知王先生不能成团，并建议王先生考虑其他产品，因其予以拒绝，故最终解除合同，按合同约定无须承担违约责任，并且该社已经退还王先生所支付的全部旅游费用。

调解过程中，王先生称其在平台上看到 A 旅行社下架了其购买的产品，而当初他订购的时候就已经有 21 人下单，其报名后肯定还有别人下单，已达到合同约定的最低成团人数 20 人；A 旅行社让他考虑其他产品时，他发现其他产品价格都比自己的订购价高，有个行程很像的价格为 949 元，因此他不认可旅行社解除的原因是未达成团人数，并提供了微信记录和前述订单截图，认为旅行社就是不想接待他们低价的团，想要变相涨价。

A 旅行社提供了其收客记录，并说明该团实际下单 23 人，但有

5人下单后退团，实际未达20人的成团人数，加之"五一"期间确实各方资源有价格调整，为保证服务品质，不足成团人数实在无法接待，并提供了自行制作的收客记录。

根据双方陈述和经审查确认的相关材料，本案投诉争议焦点在于：第一，A旅行社辩称的因"未成团"而解除合同故无须承担违约责任是否成立？第二，合同解除后的责任如何承担？调解员向双方解释了关于"未达到成团人数"旅行社可以提前解除合同的法律规定、旅行社应提供相应证据的举证责任要求，以及关于"欺诈"的法律规定。通过向双方释法说理，双方均认可本案系旅行社原因解除合同，鉴于王先生未参加同期的北京旅游团，近期亦无意愿继续来京，双方自愿达成了旅行社赔偿其200元（为表歉意，旅行社将111.3元的高铁退票费补足为整数）的一致意见，和解结案。

[评析指引]

根据《中华人民共和国旅游法》第六十三条第一款："旅行社招徕旅游者组团旅游，因未达到约定人数不能出团的，组团社可以解除合同。但是，境内旅游应当至少提前七日通知旅游者，出境旅游应当至少提前三十日通知旅游者。"结合双方签订的《团队境内旅游合同》第十二条第一款："旅行社在行程开始前7日（按照出发日减去解除合同通知到达日的自然日之差计算）以上（含第7日）提出解除合同的，不承担违约责任。"即旅行社有权以未达到约定成团人数为由解除合同，且国内旅游提前7日（含第7日）通知解除的，不承担违约责任。

但是，旅行社需要就未到达成团人数提供相应证据予以佐证，本案旅行社向旅游者陈述取消行程的原因前后不一致，其提供的收客记录为其自行制作，并不能提供后台退单数据，无法佐证案涉产品实际的参团情况及成团人数不足的事实，故旅行社主张未达到成团人员解除合同无法被采信。

根据《中华人民共和国消费者权益保护法》第五十五条第一款："经营者提供商品或者服务有欺诈行为的，应当按照消费者的要求增加赔偿其受到的损失，增加赔偿的金额为消费者购买商品的价款或者接受服务的费用的三倍……"而消费欺诈一般是指商家利用消费者在交易信息上的弱势地位，通过故意告知消费者虚假情况或者故意隐瞒真实情况，诱使消费者完成交易。本案中双方交易关系已经建立，旅行社的行为可能只是为规避擅自解除合同后的违约责任，不构成欺诈。根据双方合同第十七条第二款："旅行社未按合同约定提供服务……应当依法承担继续履行、采取补救措施或者赔偿损失等违约责任。"如双方无法继续履行，旅行社应向旅游者承担赔偿责任。

（撰稿人：张亚东律师）

五、因不可抗力原因导致旅行社应承担的损失，同业之间应分担

〔案例要旨〕

因疫情、大雨导致旅游合同无法继续履行继而解除的，依据《中华人民共和国旅游法》第六十七条的规定，组团社已向地接社、履行辅助人实际支付且不可退还的费用应由旅游者承担。但组团社与地接社等同业之间的损失不受该规则的约束，应依据公平原则，合理分担损失。

〔基本案情及处理结果〕

2019 年 9 月，A 旅行社与 B 旅行社签订《游轮舱位销售协议》，约定 A 旅行社预订某河航线 2020 年度共计三个航次。A 旅行社按照协议约定向 B 旅行社支付了上述航线包船款及履约保证金。因新冠疫情暴发，A 旅行社认为全球疫情形势仍很严峻，合同目的无法实现，故要求解除合同，全额退还款项。

B 旅行社辩称，双方签订的《游轮舱位销售协议》是合法有效的，该协议第 6.2 条约定，如 A 旅行社包船航次因不可抗力原因取消或者非 A 旅行社原因导致 A 旅行社的旅客不能按照合同约定的航次上船，B 旅行社应通知 A 旅行社，并优先为 A 旅行社协调

更改其他航次同等级别游轮，本案是因新冠疫情导致无法通行，B旅行社与A旅行社协商更改航线，本案协议并非处于不可履行状态，B旅行社已就航次更改事宜与A旅行社达成一致意见，A旅行社同意继续履行协议。而且新冠疫情仅影响当下出国旅行及航次运营，并非永久性禁止上述事项。如A旅行社要求解除合同退款，应依据《中华人民共和国旅游法》第六十七条的规定，扣除B旅行社已向境外旅游公司支付的旅游保证金，该费用境外旅游公司不予退还属于B旅行社的损失，应由A旅行社承担。B旅行社于2019年9月陆续将相关费用转至境外旅游公司用于河轮段地接前期安排航次，这些费用已经实际发生，无法退还，应予以扣除，退还剩余款项。

法院判决：依法成立的合同，自成立时生效，当事人应当按照约定全面履行自己的义务。因不可抗力不能履行合同的，根据不可抗力的影响，部分或者全部免除责任，但法律另有规定的除外。疫情或者疫情防控措施直接导致合同不能履行的，依法适用不可抗力的规定，根据疫情或者疫情防控措施的影响程度部分或者全部免除责任。

本案中，A旅行社、B旅行社签订的《游轮舱位销售协议》双方均应按照该合同约定履行。因新冠疫情的影响，合同目的无法实现，A旅行社有权解除合同，但应当扣除B旅行社按照约定已向境外邮轮公司支付且不可退还的费用（B旅行社提交了境外汇款申请书、客户付款通知、《声明》、往来邮件截图、《承运协议》《租船合同》等拟证明B旅行社将A旅行社已交纳的履约保证金、船款等转交至境外公司）。且考虑到新冠疫情系不可抗力，在全球范围内都造成了较大影响，A 旅行社、B 旅行社作为旅游经营者也均因此次疫情遭受了经济损失，故本院依据公平原则，从合理分担损失的角度及根据 B 旅行社已实际支出的费用情况判决 B 旅行社退还 A 旅行社剩余部分。

〔评析指引〕

《中华人民共和国旅游法》第六十七条规定，因不可抗力或者旅行社、履行辅助人已尽合理注意义务仍不能避免的事件，影响旅游行程的，按照下列情形处理：合同不能继续履行的，旅行社和旅游者均可以解除合同。合同不能完全履行的，旅行社经向旅游者作出说明，可以在合理范围内变更合同；旅游者不同意变更的，可以解除合同。该条款适用旅游者与旅行社之间因不可抗力原因导致合同解除，已实际支付且不可退还费用由旅游者承担。两个企业之间虽然也涉及旅游项目，但不适用《中华人民共和国旅游法》的相关规定。两个企业之间因不可抗力原因解除合同的，应适用合同订立时的公平原则，现《中华人民共和国民法典》也规定了因不可抗力原因导致合同无法继续履行的，任何一方均不承担违约责任，由此造成的损失应本着公平原则，合理分担。

（撰稿人：苗慧敏律师）

六、因消费者原因预订取消的，所付定金可不予退还

[案例要旨]

在现实中，旅游者为了抢得先机，节日前提前预订并交付定金，是常有的消费模式，定金的作用在法理上看，就是合同的履行保障。交付定金一方如不履行合同，无权要求返还定金；收取定金一方如不履行合同，应当双倍返还定金。这是契约精神的体现，也是让违约一方有所忌惮。

[基本案情及处理结果]

2022 年 7 月，李女士通过某平台预订了陈经理经营的民宿，入住时间为 2022 年 9 月 9 日至 12 日，房费共计 6000 元。该平台显示该民宿房间取消政策为：8 月 1 日中午 12 点前可免费取消预订；8 月 1 日中午 12 点后至 9 月 2 日中午 12 点期间取消预订，退还房费的 50%；9 月 2 日中午 12 点后至 9 月 9 日中午 12 点期间取消预订，不退还房费。2022 年 8 月 27 日，李女士提出取消预订，并通过平台与陈经理进行沟通，双方各让一步，陈经理扣除全部房费的 30% 即 1800 元作为违约金，陈经理通过平台将余款 4200 元退还。同一天，为了减少损失，李女士又提出想要另行预订三天每晚 800 元的小房间，并将其支付的 1800 元违约金作为日后预订小房间的定金。

陈经理表示同意且提出一年内有效。

2023 年 5 月 30 日，李女士多次发消息给陈经理，问其民宿是否正常营业，一年期快到了，需要入住。直到一周后 6 月 5 日，陈经理才回复李女士信息，问其具体入住时间、入住人数等具体信息。李女士认为陈先生未及时回复，对其服务失望，决定不来入住了，并要求陈经理退还 1800 元。双方协商无果，李女士认为陈经理违约，便投诉至民宿所在地的政府相关部门，希望退还 1800 元的双倍即 3600 元。

调解员认为，根据李女士提供的聊天记录，李女士与陈经理于 2022 年 8 月底已经协商形成新的定金合同。李女士因陈经理未及时回复消息而决定不再入住民宿，虽然陈经理延迟回复消息，但是并未超出合理的期限，也没有超出定金合同约定的一年的履行期，且李女士明示确定不与陈先生履行合同，可推定李女士存在违约的事实，其要求陈经理双倍返还定金的诉求没有事实和法律的依据。

根据法律规定，定金数额不得超过主合同标的额的 20%，李女士预订三天房间的总价格为 800×3 共 2400 元，计算定金金额为 480 元，故李女士支付的 1800 元中有 480 元陈经理可不予退还。因陈经理也未能举证其因李女士的取消订房而造成超出 480 元的损失，故应退还李女士剩余款项 1320 元。最终，陈经理认可该方案，李女士依然要求退还 3600 元，双方差距过大，终止调解。据了解后经过法院审理和调解，李女士最终同意陈经理退还 1350 元达成和解协议。

〔评析指引〕

《中华人民共和国民法典》第五百八十六条规定，当事人可以约定一方向对方给付定金作为债权的担保。定金合同自实际交付定金时成立。

定金的数额由当事人约定，但是不得超过主合同标的额的20%，超过部分不产生定金的效力。实际交付的定金数额多于或者少于约定数额的，视为变更约定的定金数额。

《中华人民共和国民法典》第五百八十七条规定，债务人履行债务的，定金应当抵作价款或者收回。给付定金的一方不履行债务或者履行债务不符合约定，致使不能实现合同目的的，无权请求返还定金；收受定金的一方不履行债务或者履行债务不符合约定，致使不能实现合同目的的，应当双倍返还定金。

需要说明的是，虽然李女士与陈经理没有签订纸质合同，但往来微信聊天记录非常详细完整，双方对此也予以认可，能够反映当时洽商的实际情况，所以质监中心调解员根据上述证据，作出了合法合理的调解意见。

（撰稿人：李川律师　杨建蕊律师）

第三章　虚假宣传

一、旅游者购买商品的级别与标签或商店承诺不符，旅行社无过错时不担责

〔案例要旨〕

旅游者在旅游合同约定的购物场所中购买商品，商品存在与标签上注明的级别或者与商店承诺不符的，如果旅行社没有参与商品销售、进行诱导购物甚至虚假宣传，则不担责。

〔基本案情及处理结果〕

2023年8月30日，郭女士与A旅行社签订了一份《北京市出境旅游合同》，合同约定郭女士等4人参加A旅行社组织的以色列、约旦7天6晚的旅行行程，于2023年9月15日至22日去以色列、约旦旅游。郭女士通过银行卡转账的方式向A旅行社公款账户支付团费40920元。《北京市出境旅游合同》对于购物部分约定：旅游者

与旅行社双方协商一致，旅游者同意前往以色列国家珠宝钻石店，停留时间约 1 小时 15 分钟，该店主营以色列加工的钻石、镶嵌配件及相关饰品等；"购物提示"部分约定：旅行社特别提醒旅游者，谨慎购物、理性消费。旅游者在本列表所列商店购物，如所购商品属于假冒伪劣商品，旅行社负责协助旅游者退、换货。旅游者单独自行前往非本列表所列商品购物，如发生质量问题，旅行社不承担责任。2023 年 9 月 20 日，郭女士在 A 旅行社安排的以色列国家珠宝钻石店（合同中约定的购物店）中以折合人民币 10110 元的价格购买了一颗 2 克拉的圆形公主式钻石及配套戒托，附随 IGL 证书上载明，该钻石颜色级别为 H 级，净度级别为 VS2 级。

回国后，郭女士委托国家珠宝玉石质量监督检验中心对其购买的钻石进行鉴定，经鉴定该检测机构出具《NGTC 钻石分级证书》，载明该钻石颜色级别为 K 级，净度级别为 SI2 级，腰注 S406744。后郭女士多次向 A 旅行社进行沟通，认为其存在虚假宣传问题，负有先行赔付和协助退换货的义务，A 旅行社主张已经向售后反馈，但未有实质进展，双方协商不成，郭女士遂投诉至该机构所在地文旅局。

调解员根据双方的合同及各自陈述，认为双方已形成旅游合同关系，并且已经履行完毕。本投诉中，郭女士报名 A 旅行社组织的出境旅游活动，在签订《北京市出境旅游合同》时，已明知该行程含有购物场所，A 旅行社在此购物环节及注意事项中尽了告知义务，且无证据显示 A 旅行社在郭女士购买钻石的过程中参与销售、实施诱导购物的行为，旅行社也未做关于购买钻石级别的承诺，不构成虚假宣传。

旅游者坚持要求 A 旅行社为其办理退货并先行垫付退货退款，鉴于旅行社也不愿做任何让步，最终双方意见差距过大，调解员终止对双方的调解。

〔评析指引〕

《中华人民共和国旅游法》第三十五条规定，旅行社不得以不合理的低价组织旅游活动，诱骗旅游者，并通过安排购物或者另行付费旅游项目获取回扣等不正当利益。旅行社组织、接待旅游者，不得指定具体购物场所，不得安排另行付费旅游项目。但是，经双方协商一致或者旅游者要求，且不影响其他旅游者行程安排的除外。发生违反前两款规定情形的，旅游者有权在旅游行程结束后三十日内，要求旅行社为其办理退货并先行垫付退货货款，或者退还另行付费旅游项目的费用。

可见，旅行社为旅游者办理退货并先行垫付退货退款或者退还相关付费项目的费用，是有前提条件的，即旅行社存在组织不合理低价游或者擅自安排购物的行为。而如上所述，A 旅行社在本案行程中不存在上述行为，郭女士在购物场所购物是由其自身根据个人喜好、鉴别、销售者的介绍等与购物场所之间建立的买卖合同关系，A 旅行社亦不存在违约行为。

后郭女士通过诉讼要求旅行社承担责任，法院驳回了郭女士的诉讼请求。

（撰稿人：杨建蕊律师）

二、旅行社宣传单与合同内容不一致，应当承担法律责任

〔案例要旨〕

旅行社在招徕推广中，宣传单图片精美、文字诱人无可厚非，但如果宣传内容与最终和旅游者签订的旅游合同出入较大，这种操作方式极易引起法律纠纷，如被认定属于虚假宣传或欺诈行为，旅行社不但要进行民事赔偿，还有可能受到行政处罚。

〔基本案情及处理结果〕

随着疫情的缓解，旅游业开始复苏，大家逐渐回到正常的生活轨道。"世界那么大，我想去看看"也不再是一句口号。家住北京的张大爷打算独自跟团去出境旅游，自己在线下走访了几家旅行社，都不太满意。2023 年 9 月初张大爷在乘地铁回家的路上，偶然遇见某旅行社的销售人员在发放旅游广告彩页宣传旅游线路，彩页上写明"迪拜—阿联酋—阿布扎比 5 天 4 晚游，赠送车载 Wi-Fi"。张大爷被该彩页所吸引，认为去国外上网既麻烦又贵，有了车载 Wi-Fi，出国后就可以方便与家里人联系、报平安以及和家人朋友分享异国他乡的美景。想到这儿张大爷与销售人员确认后，签订了《团队出境旅游合同》并交纳团款。

在境外出行还算顺利，但张大爷发现乘坐的旅游大巴没有车载

Wi-Fi。这下张大爷焦急万分，由于其没有买境外电话卡，也不会用酒店的 Wi-Fi，张大爷无法和家人视频通话，无法分享自己看到的景色，微信朋友圈也发送不出去，甚至购物也无法实现网上付款，只能用手机昂贵的境外漫游功能，美好的心情荡然无存。

行程结束回国后，张大爷立即将旅行社投诉到北京市文旅局质监中心，认为旅行社构成欺诈，要求旅行社退一赔二，即退回未享受到的车载 Wi-Fi 的费用 800 元（预估），并赔偿 1600 元。而旅行社认为，合同中并未明确约定行程中提供车载 Wi-Fi 服务，不认可张大爷的主张，是张大爷没有认真看合同内容，对合同有错误理解，但愿意适当补偿张大爷 300 元。

文旅局质监中心调解员通过查看张大爷提供的彩页和合同，并与旅行社核实，旅行社对该传单及合同均表示认可，称彩页中描述的车载 Wi-Fi 有的车有，有的车没有，但旅行社没有在彩页上签字盖章承诺，对旅行社没有约束力。双方争议焦点在于，旅行社是否对彩页中的宣传承担责任。

调解员认为，合同经双方签字盖章即代表双方对合同条款的知悉和认可，双方在调解过程中也均认可合同内约定的行程已如约履行完毕。合同虽然没有约定关于车载 Wi-Fi 的条款，可该内容在前期彩页宣传中具体明确，根据《中华人民共和国民法典》第四百七十三条第二款商业广告和宣传的内容符合要约条件的构成要约之规定，赠送车载 Wi-Fi 构成了双方合同的组成部分。因此，旅行社对张大爷违约的行为成立，应对张大爷的损失承担赔偿责任。不过，"赠送车载 Wi-Fi"难以认定构成促成双方签约的重要条件，且旅行社提供了部分境外旅行车具有 Wi-Fi 设备的证据，因此，认定旅行社故意欺诈的证据不足。经过释法明理之后，旅行社最终愿意赔付张大爷 1000 元，双方达成和解。

〔评析指引〕

《中华人民共和国民法典》第四百六十九条规定，当事人订立合同，可以采用书面形式、口头形式或者其他形式。第四百七十一条规定，当事人订立合同，可以采取要约、承诺方式或者其他方式。第四百七十二条规定，要约是希望与他人订立合同的意思表示，该意思表示应当符合下列条件：（一）内容具体确定；（二）表明经受要约人承诺，要约人即受该意思表示约束。第四百七十三条第二款规定，商业广告和宣传的内容符合要约条件的，构成要约。就具体形式而言，第四百七十二条所说的表明，可以是明示的，也可以是默示的；旅行社的广告宣传在作出时是没有特定明确的交易对方，其目的是宣传推广以吸引交易对方前来交易，从这一角度来看，旅行社发出宣传材料时一定程度上是默示了要接受法律上约束的意思表示。因此，当旅游者凭借宣传内容，选择与旅行社签订合同的，该宣传广告中的说明及允诺将作为双方合同的组成部分，旅行社需要向旅游者予以履行相关承诺义务。

建议旅行社，首先要诚信经营，所做的宣传广告应尽可能贴近实际，避免误导性宣传，这是最根本的解决之道。其次，宣传可以适度美化，但应采取措施向旅游者明确说明，同时降低宣传广告被认定为要约的后续风险。例如，在宣传单中着重说明或以明显字体注明"以上图文、数据仅供参考，双方权利义务应以签订的书面文件为准"等类似文字进行提示，提前确定宣传广告不作为履行标准，并应尽到完全的提示说明义务，包括但不限于当场解释、录音录像、手抄相关约定等，以保障旅游者的知情权和选择权。

在此也提示旅游者，在签订合同时一定要谨慎，仔细查看合同条款，不要急于签字，有问题及时问询，因为合同经旅游者签字旅行社盖章即生效，签字的旅游者作为完全民事行为能力人，需要为自己的签字行为负责。

（撰稿人：杨建蕊律师）

三、旅行社隐瞒预约真实情况，涉嫌欺诈

〔案例要旨〕

旅行社保证旅游者能够游览需要预约且限流的景点，后隐瞒未预约成功的事实，经查证属实，可能被认定为欺诈。

〔基本案情及处理结果〕

赵女士与其父母拟在 2023 年 10 月来北京旅游。后赵女士在网上与几家旅行社一一沟通，在与这几家旅行社洽谈的过程中，只有 A 旅行社承诺能够同时约到进天安门广场看升国旗和进毛主席

纪念堂瞻仰的行程。因赵女士的父母为老党员，一直想来北京看天安门升国旗以及去毛主席纪念堂，这也是赵女士带父母来北京旅游的主要目的，故经过和旅行社的再三确认，在微信上确认好行程之后，赵女士最终选择了 A 旅行社签订了旅游合同并交纳 600 元定金。

2023 年 9 月 30 日，赵女士与其父母乘坐飞机来北京，自行打车来到与旅行社约定的酒店，先办理入住又向旅行社交纳了余款。但第二天赵女士随旅游团看完升旗后却被告知没有约上毛主席纪念堂，只能改成去恭王府。因毛主席纪念堂没有门票费用，恭王府是有门票费用的，旅行社为了表示歉意，愿意承担恭王府的门票费用。赵女士及父母非常气愤，认为旅行社存在欺诈，要求旅行社退还定金 600 元及承担其往返机票费用 6000 元。旅行社不同意，认为自己没有欺诈，没有抢到毛主席纪念堂门票不是旅行社能够左右的事情，并且赵女士入住酒店、乘坐车辆以及其他预订门票的实际费用已产生，无法退定金并承担其往返机票费用。赵女士遂将该旅行社投诉至北京市文旅局。

经双方陈述，结合赵女士提供的微信聊天记录截图及旅游合同，调解员认为：赵女士选择 A 旅行社而未选择其他家旅行社的主要原因是其承诺了提供毛主席纪念堂瞻仰服务，但旅行社作为业内经营者，明知纪念堂需要提前 7 天预约，且存在极大的不确定性下，仍随意许诺，并且在旅游者启程前未将实际没有预约成功的真相如实告知旅游者，其主观上具有隐瞒故意，客观上实施了隐瞒事实真相诱导赵女士实际前往北京的行为，可能构成欺诈。经过释明，并告知旅行社欺诈可能面临的行政处罚后果，旅行社愿意双倍退还赵女士定金共 1200 元，但不同意承担其往返机票费用。赵女士不同意该赔偿数额。

因双方差距过大，终止调解。后赵女士将 A 旅行社举报至执法部门，A 旅行社被行政处罚 2 万元，赵女士同时已提起诉讼，案件目前尚在审理中。

[评析指引]

所谓欺诈是指一方当事人故意告知对方虚假情况，或者故意隐瞒真实情况，诱使对方当事人作出错误意思表示的行为。欺诈可以是积极作为，告知虚假情况，也可以是隐瞒真实情况、负有告知义务时的不作为。本案中，A 旅行社先是故意对不确定发生的事项作出承诺，后隐瞒影响合同目的实现的重要事实，使赵女士陷入错误认识，构成欺诈，应承担行政及民事上的法律责任。

行政责任包括但不限于《中华人民共和国旅游法》第九十七条规定，旅行社违反本法规定，有下列行为之一的，由旅游主管部门或者有关部门责令改正，没收违法所得，并处五千元以上五万元以下罚款；违法所得五万元以上的，并处违法所得一倍以上五倍以下罚款；情节严重的，责令停业整顿或者吊销旅行社业务经营许可证；对直接负责的主管人员和其他直接责任人员，处二千元以上二万元以下罚款：进行虚假宣传，误导旅游者的……

民事责任包括但不限于《最高人民法院关于审理旅游纠纷案件适用法律若干问题的规定》第十五条的规定，旅游经营者提供服务时有欺诈行为，旅游者依据消费者权益保护法第五十五条第一款规定请求旅游经营者承担惩罚性赔偿责任的，人民法院应予支持。

（撰稿人：杨建蕊律师）

四、以低价诱骗旅游者参团后又另行收取费用的，涉嫌价格欺诈

〔案例要旨〕

旅行社虚假优惠价格，诱骗他人购买旅游产品后，再以各种理由加价提供服务或者拒绝提供服务的，涉嫌价格欺诈，严重损害旅游者合法权益，旅游者有权主张惩罚性赔偿金。

〔基本案情及处理结果〕

旅游者投诉：旅游者杨女士通过抖音直播间观看北京 A 旅行社直播宣传：暑期大促销，重庆四天三晚，全国联运、一年有效，1999 元 / 双人，包含往返大交通。杨女士通过直播间与主播沟通，是否有人数等特殊限制，被告知没有特殊限制。杨女士通过直播间的链接向 A 旅行社预订了 2 个双人行的套餐共计 3998 元，四个成人出行。下单后杨女士向旅行社预约"十一"出行，旅行社告知：如果现在预订"十一"期间的产品，另行补来回高铁的费用，共计

3544 元的差价。杨女士投诉至北京市文旅局质监中心，主张：A 旅行社涉嫌价格欺诈，要求 A 旅行社必须按照直播间的承诺继续履行合同，如果不能履行合同就双倍退还团款。

旅行社答辩称：直播间的产品仅为 20 个名额，杨女士通过抖音平台报名参加我社组织的重庆游，下单后需要二次预约，再次预约成功才可以享受该优惠政策，并且订单详情中也有明确的费用说明，淡季按照 500 元 / 人的交通费用标准，超过部分需要另行承担。因旅游者预约报名时优惠名额已经满了，旅游者要不就自行补大交通差价，我们继续履行合同，要不就申请退款，我们全额退款。

文旅局质监中心调解员经过审查双方提供的证据，查明旅行社提供的抖音直播间中主播的内容，首页醒目标题："暑期大促销，重庆四天三晚，全国联运、一年有效，1999 元 / 双人，包含往返大交通"，虽然主播在播放即将结束时提到该优惠限制 20 个名额，超过 20 个名额后有可能享受不到该福利，且在预订规则上也标注了直播间下订单后，需要二次预约。但当旅游者问直播是否包括往返大交通时也明确回复包括，未告知只有 20 个名额限制，超过了就一定不享受该优惠政策。同时，旅行社未能提供已经预订 20 个名额的证据，不能证明杨女士在预订时已经满额。旅行社拒绝提供接待服务或要求旅游者增加费用没有合同约定。旅行社涉嫌价格欺诈，建议旅行社继续履行合同或双倍退还款项。

旅行社不接受该调解方案，双方终止调解。后杨女士向主管机关进行举报，主管机关经过查明认为 A 旅行社涉嫌价格欺诈，并对其进行处罚。之后 A 旅行社主动与杨女士协商退还已经支付的款项，并支付一倍赔偿金。

［评析指引］

价格欺诈，是指经营者利用虚假或者使人误解的价格条件，欺骗、诱导消费者或者其他经营者与其进行交易的行为。依据《中华人民共和国价格法》第十四条第四项的规定，经营者不得利用虚假的或者使人误解的价格手段，诱骗消费者或者其他经营者与其进行交易。

《明码标价和禁止价格欺诈规定》第八条规定："经营者在销售商品或者提供服务时，不得在标价之外加价出售商品或者提供服务，不得收取任何未予标明的费用。"本案中 A 旅行社在宣传页面正中间标注"暑期大促销，重庆四天三晚，全国联运、一年有效，1999 元 / 双人，包含往返大交通"，普通消费者都会认为 1999 元 / 双人，一年内都可以选择重庆旅游线路，包括出发至重庆期间的往返大交通费用，主播人员在直播间以非重点提示的方式说"20 个名额，超过了可能享受不了这个优惠"，不能视为尽到了名额限制的告知义务，且在杨女士预约时被告知"优惠名额已满"，但未能提供已预约的明细。足以证明 A 旅行社以虚假的或者使人误解的价格手段，诱骗旅游者拍下该产品，之后再以各种理由变相让旅游者增加费用，构成价格欺诈。

在此提醒旅游经营者，在产品宣传时应明码标价，不得引起消费者误解。对于优惠产品有名额限制的，应在优惠价格的同一位置明确标注，引起消费者注意。否则将被认定为旅游经营者在对同一商品或者服务，在同一交易场所同时使用两种标价签或者价目表，以低价招徕顾客并以高价进行结算的，认定为价格欺诈，应向旅游者承担惩罚性赔偿责任。

（撰稿人：苗慧敏律师）

第四章　合同条款违法

一、艺培机构约定由其所在地法院管辖是否侵犯消费者权益

〔案例要旨〕

经营者在协议中约定与消费者发生争议时的解决方式为诉讼，且只能向经营者所在地的人民法院起诉，侵犯了消费者选择管辖法院的权利，属于限制消费者提起诉讼的权利，因此受到市场监管部门的行政处罚。

〔基本案情及处理结果〕

2022年7月14日，市场监管局执法人员根据消费者的投诉，对某艺术培训有限公司进行执法检查，发现该公司与消费者签订的合同存在不公平格式条款。比如合同中"此费用一旦交付，不可退费，只可转让，转让必须告知甲方（指艺培机构，下同），须跟甲方签订转让合同"的条款排除了消费者依法变更和解除格式合同的权

利；又如"乙方（指学员，下同）入住期间，甲方对乙方疾病、意外、个人财产等不承担法律责任"的条款，是对造成消费者人身伤害、财产损失方面，免除了经营者的责任；再比如"本协议一式两份……合同期内双方发生争执，应协商解决，协商不成，应向甲方所在地人民法院提起诉讼"的条款，侵犯消费者选择管辖法院提起诉讼的权利。

经查，自2021年12月至2022年7月14日，艺培机构已与学员签订格式合同246份，未利用格式合同条款获利，没有违法所得，但其行为违反了《合同违法行为监督处理办法》（现已废止）的相关规定，因此某地市场监管局依法对其作出行政处罚。

〔评析指引〕

消费者在与经营者签订合同时，一般比较注重合同解除、违约责任等实体方面的内容，往往容易忽略争议解决等程序方面的规定，其实有时后者比前者对消费者维权的影响更大。比如很多网络经营者在格式条款中约定产生争议只能由其注册地的法院管辖，就是说消费者想要起诉，必须到经营者登记注册所在地有管辖的人民法院起诉。对于很多外地的消费者来说，去一次当地法院的交通、住宿等诉讼成本可能要超过诉讼标的本身，更何况一套完整的诉讼程序下来可能要去不止一次，所以即便占理，也多会选择放弃维权，无形中助长了无良商家的违法气焰。

本案的特点在于，市场监管部门注意到艺培机构在合同的争议解决条款中约定了当双方发生纠纷时，学员只能选择机构所在地的法院提起诉讼处理，认为是限制了消费者提起诉讼的权利。因此，监管部门依据相关规定对艺培机构合同条款违法的问题予以了行政处罚，及时避免了更多消费者的权益被侵害。

对于本案情况，国家市场监督管理总局于2023年7月1日新颁布施行的《合同行政监督管理办法》第八条也有明确规定，经营者与消费者订立合同，不得利用格式条款等方式作出加重消费者责任、排除或者限制消费者权利的规定。格式条款中不得含有以下内容：……（六）排除或者限制消费者依法投诉、举报、请求调解、申请仲裁、提起诉讼的权利。在此提醒广大消费者，如果发现在经营者的格式条款中有类似约定，除可向监管部门举报外，还可主张其内容无效。

（撰稿人：杨溢律师）

二、艺培机构在协议中排除消费者解释格式条款的权利构成违法

〔案例要旨〕

经营者与消费者采用格式条款订立合同，格式条款中不得含有经营者单方享有解释权或最终解释权的内容，该内容因加重消费者责任、排除或限制消费者权利，不仅无效，还会面临行政处罚。

［**基本案情及处理结果**］

某公司经营学龄儿童的绘画、音乐、舞蹈等培训业务，在其使用的《课程销售协议》中约定了如下条款，包括"选定班别后采用固定班上课，不能跨班上课或更换课程上课""请假制度由乙方（指某公司）负责解释""甲方（指学员）认知获赠课程不属于本协议销售的课程，具体由乙方负责解释"等内容，并用该协议书和学员签订合同。

经市场监管局调查，认为某公司的行为违反了《合同违法行为监督处理办法》（现已废止）的相关规定，包括"经营者与消费者采用格式条款订立合同的，经营者不得在格式条款中排除消费者下列权利：（一）依法变更或者解除合同的权利……（四）解释格式条款的权利"，构成了在格式条款中排除消费者依法变更合同和解释格式条款的权利的违法行为。因此，2022年10月，市场监管局根据上述处理办法，依法对某公司作出行政处罚。

［**评析指引**］

过去，经营者通常会利用自己的优势地位在与消费者的协议或宣传广告中加一段文字，比如"本合同的解释权归本公司所有"或"本公司对本次活动享有最终解释权"等。一旦发生争议，经营者就会习惯性地搬出该条内容来搪塞消费者，大多数消费者没意识到其中的问题，也就没有做过多争辩，让经营者钻了空子。

现如今，除了上述提到的处理办法（已被2023年7月1日施行的《合同行政监督管理办法》替代）外，《侵害消费者权益行为处罚办法》中也有明确规定，经营者向消费者提供商品或者服务使用格式条款、通知、声明、店堂告示等的，应当以显著方式提请消费者注意与消费者有重大利害关系的内容，并按照消费者的要求予以说明，不得作出含有下列内容的规定：……（六）规定经营者单方享有解释权或者最终解释权。而且，《中华人民共和国消费者权益保护法》也规定，如果经营者以格式条款的方式作出排除消费者权利的不公平、不合理的规定，该内容是无效的。

总之，市场监管部门一方面对经营者严格监督，另一方面积极引导消费者用法律的武器维护自身权益，如果消费者发现经营者在合同中或宣传时存在上述违规行为，可以向市场监管部门举报，由相关部门采取责令限期改正、警告和处以罚款等行政处罚措施。

（撰稿人：杨溢律师）

三、娱乐场所禁止自带酒水饮料限制消费者权利被处罚

〔案例要旨〕

经营者不得以格式条款、店堂告示等方式，作出排除消费者权利等对消费者不公平、不合理的规定，不得强制或者变相强制消费者购买和使用其提供的商品或者服务，否则市场监管部门有权予以

行政处罚。

[**基本案情及处理结果**]

某娱乐公司主要经营 KTV 服务，店内经营场所有一层楼，分为大厅、超市、包厢区（小包、中包、大包），超市主要销售食品和酒水，收银台上放有"菜单"以及不同包厢类型对应的不同套餐方案，套餐包含食品和酒水等，顾客的主要消费内容是包厢费以及在超市购买的食品、饮料、酒水费用。2022 年 8 月 17 日，市场监管执法人员对某娱乐公司经营场所进行检查，现场检查发现店门口体温机前的警示牌贴有一张白纸，内容为"谢绝自带酒水入内，谢谢配合"。

市监部门认为，某娱乐公司在经营过程中使用内容为"谢绝自带酒水入内"的警示牌，是使用格式条款未以显著方式提请消费者注意与消费者有重大利害关系的内容，变相强制消费者购买其提供的商品或者服务，遂依据《侵害消费者权益行为处罚办法》的相关规定对某娱乐公司予以罚款。市监部门同时表示，处罚并不是目的，但对合同违法条款一定会查处，旨在规范相关娱乐行业的发展。

[**评析指引**]

经营者提供商品或服务，消费者购买商品或接受服务，他们之间就建立起一种合同关系。本案中，顾客到 KTV 唱歌消费，与某娱乐公司之间就形成一种娱乐服务合同关系。而某娱乐公司设置"谢绝自带酒水"这种店堂告示的目的，是将该告示内容自动作为双方合同的当然条款，顾客想要享受服务，就必须接受该条款；如果不接受该条款，某娱乐公司就不提供该服务，这对消费者是不公平、不合理的。

其实，"谢绝自带酒水"这类店堂告示通常出现在餐馆里，因为酒水饮料是餐馆的主要盈利点，随着娱乐行业的发展，越来越多的娱乐场所比如 KTV 等也开始以销售酒水饮料为主要副业。本案中，某娱乐公司在其营业场所门前贴上"谢绝自带酒水"告示，其主要目的是要顾客购买他们自营的酒水饮料以追求利益最大化，该行为实质上也是在变相强制顾客购买他们的商品，侵害了消费者的自主选择权。

（撰稿人：杨溢律师）

第五章 人身伤害及安全保障义务

一、"自甘风险"规则并非旅游经营者免责依据

〔案例要旨〕

"自甘风险"规则并非"成年人在任何情形下都是自身生命安全第一责任人"的法律确认，该规则适用主体其实是活动的其他参与者，而非经营者或组织者，旅游经营者不能因为"自甘风险"规则而放松安全管理。

〔基本案情及处理结果〕

2021 年 9 月 28 日，旅游者王某在 A 景区内购票（票价中含有意外伤害保险费用）进入了网红 B 蹦床乐园，后在玩"一飞冲天"项目（该项目的玩法为：当玩者躺在气囊的前部时，由 B 蹦床乐园的两名工作人员从高处蹦落到气囊的后部，将玩者弹起后落到气囊前方的装满海绵和塑料小球的"海洋池"内）时，被弹起后掉落在

"海洋池"外的地面上，造成王某摔伤。王某遂就受伤后的赔偿问题将 A 景区投诉至文旅局质监中心。

A 景区答辩称：（1）王某参加的项目活动系有独立经营资质的 B 公司自主运营，其与 B 公司仅为场地租赁合作关系，故涉及该场地、场地内项目的纠纷应由 B 公司承担，与景区无关；为说明该主张 A 景区提供了 B 公司的经营资质、与 B 公司的合作协议。（2）B 公司已经在门票后的入场须知、场地内多处提示了项目有风险，且活动进行前已有工作人员现场指导，据与现场人员核实，在工作人员引导王某躺在指定位置后，工作人员走到高台往气囊上蹦的一瞬间，看到王某躺在气囊内自行调整了姿势，导致弹出方向错误，偏离了"海洋池"中心位置，因此该事件系王某自身原因所致；为说明该情况，A 景区提供了 B 蹦床乐园门票、现场图片，以及工作人员自述情况说明。（3）王某作为完全民事行为能力人，按照《中华人民共和国民法典》的"自甘风险"规则，其自愿参加风险项目，自甘受一定风险，应对 B 公司在安全提示义务之外的风险自行承担全部责任。综上，不同意王某的赔偿请求。

经文旅局质监中心询问王某意见，王某称其并不明确知晓 B 公司的存在，其是在 A 景区受的伤，应由 A 公司负责，并且其并没有擅自挪移身体，也没有人警示其不能挪移身体，自身损害完全是基于对 A 景区的信任所致，应由景区全权负责。

因文旅局质监中心对于 B 公司等娱乐公司无调解处理权限，经询问，B 公司完全同意 A 景区的意见，但未提交其他材料。

调解员经对各方陈述、抗辩及提供的凭据后研判，认为 B 公司安全保障义务存在问题，A景区应对王某的损伤承担连带赔偿责任。A景区接受责任认定的分析释明（见评析指引部分），但对于具体赔偿项目及凭证认为难以核实、王某主张款项过高难以满足，双方争议较大无法达成和解，随后提出终止本次调解，并愿意配合王某进行诉讼程序。

后续跟踪了解到，王某将A景区与B公司共同起诉至法院要求承担连带责任，一审法院判决认定，本案不适用"自甘风险"规则，A景区与B公司应就B公司未尽到安全保障义务所致王某之损伤承担连带赔偿责任。

[评析指引]

第一，根据《中华人民共和国民法典》第一千一百九十八条的规定，宾馆、商场、银行、车站、娱乐场所等经营场所、公共场所的经营者、管理者或者群众性活动的组织者，未尽到安全保障义务，造成他人损害的，应当承担侵权责任。本案中B公司系"一飞冲天"游乐项目的经营者，应对项目参与者承担安全保障义务，保证参与该项目游玩的人员的人身安全，而其提供的风险提示未有详细的操作指引、未有针对性的警示要求，且字体较小不能形成显著提示，同时，未能保证该游乐项目设施的有效安全，应对由此给王某造成的人身损害承担赔偿责任。

第二，依据《中华人民共和国旅游法》第五十四条规定："景区、住宿经营者将其部分经营项目或者场地交由他人从事住宿、餐饮、购物、游览、娱乐、旅游交通等经营的，应当对实际经营者的经营行为给旅游者造成的损害承担连带责任。"结合《中华人民共和国民法典》第一百七十八条第一款的规定："二人以上依法承担连带责任的，权利人有权请求部分或者全部连带责任人承担责任。"旅游者有权就景区内其他经营者的经营行为导致人身受到伤害后单独向景区等公共经营者进行追责，也有权要求公共经营者及实际经营者承担连带责任。

第三，关于旅游者在游玩过程中受到伤害是否适用"自甘风险"规则，在社会上广泛流传并已联系特定法条的"自甘风险"规则，其实并非法条原文术语，其出处是《中华人民共和国民法典》第一千一百七十六条，该条明确的是："自愿参加具有一定风险的文体活动，因其他参加者的行为受到损害的，受害人不得请求其他参加者承担侵权责任；但是，其他参加者对损害的发生有故意或者重大过失的除外。活动组织者的责任适用该法第一千一百九十八条至第一千二百零一条的规定。"显然，"自甘风险"规则适用的行为范围与主体是为"有一定风险的文体活动"的"参加者"，参加活动过程中发生碰撞等导致人身伤害的情况，其并未免除、减轻经营者、管理者或者群众性活动组织者的安全保障义务，本案也不能适用该条款进行处理。

不过，旅游者作为成年人在参加游玩娱乐项目时应对娱乐项目注意事项及风险有所了解，游玩过程中应尽到注意义务，否则应承担相应责任。

（撰稿人：张亚东律师）

二、徒步旅游被同团旅游者撞伤，谁来承担责任

〔案例要旨〕

但凡在团队旅游活动中，旅游者受到损害的，即应考察活动组织者即旅行社是否有尽到安全保障义务；即便旅游者的损害是由于旅游合同关系外的第三方直接造成，如旅行社未尽到安全保障义务的，仍应承担相应的补充责任。

〔基本案情及处理结果〕

2021年9月3日，高某与A旅行社签订境内旅游合同，参加"庐山火车双卧七日"旅游团。9月8日，在游览庐山黄龙潭景区时，A旅行社的导游陪同部分团员乘坐缆车上山，高某及另一部分团员徒步爬山。爬山过程中，高某在路边站立稍作休息。同团张某拍摄照片时，脚下打滑失控摔倒，撞倒了站在路边休息的高某。高某受伤后被送至医院救治，入院诊断为右开放性桡骨骨折。

高某出院后，就张某造成其人身损害赔偿事宜多次与张某协商均未果；且在整个事件发生与处理过程中，A旅行社无任何工作人员陪同，回团后也未慰问，不管不顾，让高某很生气。高某遂将A旅行社、张某投诉至文旅局质监中心。

A旅行社抗辩称，事故发生于高某自由活动期间，不属于旅行

社提供的服务内容期间，且系张某原因造成，应由张某及高某承担责任。

张某抗辩称，本次事故并非其有意为之，而属于意外事件，不应承担所有责任。

文旅局质监中心认为：本案的主要焦点为，侵权责任主体归属及各自责任承担比例问题。但高某提出鉴定要求，且各方对各自过错责任及实际损失额存在争议，故本案无法调解达成一致意见，终止结案。后高某将张某、A旅行社起诉至人民法院，法院审理认定，张某在景区拍照时因脚下打滑失控撞倒了高某，造成了高某受伤的事实。虽张某称其并非有意撞倒高某，但这不属于受害人过错、不可抗力、意外事件等法定的免责事由，故张某应承担侵权责任。高某参加A旅行社组织的旅游活动，A旅行社对旅行社团员的人身、财产负有安全保障义务。安全保障义务人有过错的，应当在其能够防止或者制止损害的范围内承担相应的补充赔偿责任。故判决张某赔偿高某因本次受伤导致的损失的赔偿责任，共计86159.54元，A旅行社在17231.91元（即各项损失的20%）的范围内向高某承担补充赔偿责任。

〔评析指引〕

对于第三人的行为造成旅游者人身损害、财产损失时，旅行社是否应承担责任的问题，《中华人民共和国民法典》第一千一百九十八条规定，宾馆、商场、银行、车站、娱乐场所等经营场所、公共场所的经营者、管理者或者群众性活动的组织者，未尽到安全保障义务，造成他人损害的，应当承担侵权责任。因第三人的行为造成他人损害的，由第三人承担侵权责任；经营者、管理者或者组织者未尽到安全保障义务的，承担相应的补充责任。同时，《最高人民法院关于审理旅游纠纷案件适用法律若干问题的规定》第七条第二款规定，旅游经营者、旅游辅助服务者未尽到安全保障义务，造成旅游者人身损害、财产损失，旅游者请求其承担相应补充责任的，人民法院应予支持；第十九条第一款规定，旅游者在自行安排活动期间遭受人身损害、财产损失，旅游经营者未尽到必要的提示义务、救助义务，旅游者请求旅游经营者承担相应责任的，人民法院应予支持。

（撰稿人：张亚东律师）

三、旅游者对自身健康状况负有告知与注意义务

［案例要旨］

旅行社在旅游者报名参团之前，要明确告知旅游线路的风险点和注意事项以及需要具备的身体条件；旅游者在前往特殊条件的旅游目的地时，要对自身身体状况有所了解，在旅行社告知旅途风险后，切不可为了出行而隐瞒自身健康状况。

〔基本案情及处理结果〕

旅游者陈女士带其母亲报名参加了北京某旅行社组织的西藏一地十二日游，陈女士的母亲刚到达西藏拉萨机场，身体就出现呼吸困难、大脑缺氧等症状，当地导游随即拨打120，随后陈女士陪其母亲前往医院，医生告知陈女士母亲的身体状况不适宜继续在西藏游玩，如果继续旅游，不排除会有生命危险，陈女士最终听从了医生的建议，联系旅行社，取消这次西藏之行。当晚旅行社给旅游者预订了机场附近的酒店并告诉陈女士在医院看病的单据都留好，后续看是否可以通过旅游意外险报销，同时叫了车送母女俩回酒店，第二天当地旅行社派工作人员将陈女士和其母亲送上飞机之后离开。

陈女士回京之后联系旅行社，认为旅行社没有告知其母亲的身体状况不具备西藏旅游的条件，未尽到告知义务，导致其母亲无法继续旅游，要求退还西藏之行的全部费用。陈女士将北京某旅行社投诉至文旅局质监中心。

旅行社辩称：本次陈女士母亲已经实际出游，已发生的费用（机票款、酒店定金等必要的费用）应由其承担，其在旅行社报名签订合同时旅行社已经书面告知旅游目的地高海拔之特殊情况，并建议提前做好体检，根据医生建议出行，是陈女士未向旅行社告知身体状况，并在出行过程中因自身身体原因解除合同，并且旅行社尽到了及时救助义务，故应由旅游者承担违约责任。

调解过程中，陈女士提到报名时已经告知旅行社其母亲偶尔会血压高，但未告知是否采纳旅行社建议进行了体检、体检结果是否允许参团等健康信息，最终也因为血压快速升高导致无法继续旅行。但依据法律规定旅游者在履行过程中有权随时解除合同，故陈女士母亲提前终止行程不属于违约，旅行社应扣除必要的费用后退还剩余费用。

经过调解，旅行社同意承担拉萨一晚房费、拉萨市内打车费，扣除机票款后退还剩余费用，旅游者陈女士接受旅行社的处理方案，双方达成和解。

[评析指引]

旅游者因疾病无法继续出游的，属于自身原因无法履约，但依据《中华人民共和国旅游法》第六十五条的规定，旅游行程结束前，旅游者解除合同的，组团社应当在扣除必要的费用后，将余款退还旅游者。旅游者享有单方随时解除合同的权利，并无须承担违约责任，只不过，已发生的必要的费用应由旅游者承担。

旅行社在旅游者报名时，应按照《中华人民共和国旅游法》第六十二条的规定：订立包价旅游合同时，旅行社应当向旅游者告知下列事项：（一）旅游者不适合参加旅游活动的情形；（二）旅游活动中的安全注意事项……"告知拟报名旅游者本条旅游线路对旅游者身体状况的特殊要求，提示可能存在的风险，提醒旅游者如有心脑血管疾病等情况的，应在出行前听从医嘱后再参团。旅行社已经获知旅游者存在可能不适宜本次出游的疾病的，建议看到体检报告后再行确认为宜。

旅游者虽为消费者，但并非仅有权利而无义务，旅游服务的实现需要旅游者全程亲身参与，旅游者对于自身身体情况负有注意义务，并在出游报名时应遵守《中华人民共和国旅游法》第十五条第一款的规定：旅游者购买、接受旅游服务时，应当向旅游经营者如实告知与旅游活动相关的个人健康信息，遵守旅游活动中的安全警示规定。

（撰稿人：张亚东律师）

四、社会导游履行职务时受到伤害谁来赔偿

〔案件要旨〕

社会导游即与旅行社没有劳动关系的导游，以及旅行社工作人员在履行职责期间发生的人身伤害或死亡事故，由谁承担责任，一直以来是导游、旅行社及主管部门较为关注的问题。本案例试图绕开复杂的导游身份关系确认焦点，通过旅行社责任保险的形式，对转移导游及家属以及旅游经营者的风险、化解社会矛盾起到积极示范作用。

〔基本案情及处理结果〕

北京的旅游市场随着暑期的到来而急剧升温，2023年7月初，一名龚姓北京地接导游，在颐和园带A旅行社的旅游团游览时中暑

送医，经抢救无效因热射病而离世。当日北京最高温度突破40℃的历史纪录，旅游车司机称，龚导带队在车上时状态就不太好，让他休息一会儿，他说坚持一下把这个团带完再休息。结果旅游者说他在带团时晕倒，送医院后就没有抢救过来。据了解，龚姓导游，男，48岁，家中独子，未婚；以前在B出境社当领队负责北欧线路，签有劳动合同；疫情以来由于出境游业务萎缩转做北京地接导游，经私人介绍为A旅行社带国内研学团，没有签订劳动合同。龚姓导游去世后，其80多岁的父母，生活陷入绝境。在龚姓导游是否应得到抚恤金和工伤赔偿问题上，旅行社之间、导游与旅行社之间，以及劳动人事和文旅主管部门之间出现了不同的认识。第一种观点认为：是否享受工伤赔偿待遇应当以是否存在劳动关系为前提，没有劳动关系的不享受工伤保险待遇。第二种观点认为：应确定龚导游与A旅行社是否存在事实劳动关系，如存在事实劳动关系，就应比照工伤待遇赔偿，反之亦然。第三种观点认为：导游与旅行社之间的关系在现实中较为复杂，有的是劳动关系，有的是劳务或派遣关系，有的是职务行为，有的是个人行为，不能一概而论。从保护劳动者利益角度出发，龚姓导游毕竟是在为旅行社带团、履行职务时因中暑受到伤害的，如龚姓导游与哪家旅行社都确认不了劳动关系，按照履行职务时受到的伤害，在政府要求的《旅行社责任保险》（以下简称《旅责险》）理赔条款中也应当得到赔偿。

做《旅责险》较早、规模较大的一家保险经纪公司推荐的《旅责险》保险合同第四十四条规定："发生保险事故，造成被保险人的工作人员死亡或残疾的，被保险人的工作人员不能从工伤保险中获得赔偿的，保险人对一次性工亡补助金、一次性伤残补助金参照《工伤保险条例》的赔偿标准在每次事故每人人身伤亡责任限额内赔偿。被保险人的工作人员已从工伤保险项下获得死亡或残疾赔偿的，保险人对一次性工亡补助金、一次性伤残补助金按每次事故每人人身伤亡责任限额乘以表2相应比例的30%进行赔偿。"被保险人的工作人员指受旅行社委派并为旅游者提供服务，与旅行社签订劳动合同，或者虽未签订劳动合同但存在事实劳动关系的各种用工形式、各种用工期限的劳动者，以及劳务派遣人员或兼职人员。

文旅主管部门从维护导游权益出发，经约谈涉事旅行社及保险公司，确认了对上述条款的理解。即像龚姓导游这种情况，属于《旅责险》上述条款的理赔范围，如龚姓导游没有享受工伤保险待遇，不能从工伤保险中获得赔偿的，保险公司可对龚姓导游一次性工亡补助金、一次性伤残补助金，参照《工伤保险条例》的赔偿标准在每次事故每人人身伤亡责任限额内赔偿。因此，龚姓导游因履行职务死亡的赔偿问题，终于有了着落。

〔评析指引〕

导游无论是跋山涉水，还是车马劳顿，工作中普遍存在一定风险。造成伤害后如何化解矛盾，如何使受伤害的导游及家属得到救济，虽然此类事故不是频繁发生，但一旦发生对缺乏职业保护的导游和抗风险能力较弱的旅行社都是沉重的负担。它直接关系到受害者及家属、旅行社以及行业发展利益。除了正常的导游劳动用工管理外，对社会上大量存在的、共享经济背景下的导游自由执业（大量社会导游），旅行社减少专职导游存量、降低人工成本的现实，必须以市场化的手段予以解决。在现有法律框架下，在旅行社强制保险——《旅责险》的条款中，细化和用好"对被保险人的工作人员的赔偿"条款，是民事救济之外的行政强制救济手段之一，可以使导游及旅行社避免陷入确定劳动关系冗长的纷争之中。当然，不是所有保险公司的保险条款都是"千篇一律"的，旅行社除了要按照法律规定购买《旅责险》外，不能"只图便宜"，还要对诸如"被保险人工作人员的赔偿"等具体保险理赔条款，认真研究、相互比较后购买，以达到获得理赔、风险转移、化解矛盾的目的。

（撰稿人：李川律师）

五、读者不能证明行为与损害事实之间存在因果关系，图书馆不担责

[案例要旨]

侵权责任的成立应当满足一定的构成要件，即行为人的行为具有违法性、损害事实、行为人的违法行为与损害事实之间具有因果关系、行为人主观上具有过错。当事人对主张的事实有责任提供证据加以证明，没有证据或者证据不足以证明事实主张的，由负有举证责任的当事人承担不利后果。

〔**基本案情及处理结果**〕

甲称其于2020年6月某日下午从某图书馆走出大门时，被图书馆保安操控的电动门撞伤手和胳膊，遂要求图书馆赔偿其因此受到的各项损失，图书馆则对甲某主张的碰撞、损害事实及其因果关系均不予认可，双方因此未能达成一致调解意见，后甲诉至法院。

法院经审理认为，甲对于其主张图书馆侵权的构成要件事实负有举证责任。从图书馆的监控录像来看，电动门瞬间启动又即刻停止，受监控拍摄距离、视角、旁边读者遮挡及录像介质等所限，无法清楚显示电动门与甲肢体接触的具体情况。退一步讲，即使发生了电动门接触甲肢体的情况，承担侵权责任也需图书馆的行为与甲某的身体损害之间存在因果关系。但是，第一，甲提交的就诊材料显示，其于事发后第二天进行首诊，且当月两次就诊检查结果均未见明显异常；第二，甲到专科医院首诊时距离事件发生已有两个月，诊断为软组织损伤；此后与甲主诉伤疾有关的诊断结论首次形成于2022年7月、8月，此时距事件发生已有两年；第三，甲两次申请关于其伤残程度及因果关系等的鉴定，法院委托的鉴定均因鉴定材料不完整、不充分或无连续性原因被终止退回。鉴于上述情况，现有证据无法证明甲的损害事实与图书馆的行为之间存在因果关系，不满足侵权的构成要件，法院遂驳回了甲的诉讼请求。

〔**评析指引**〕

一般侵权责任的成立需要满足有违法行为、有损害事实、违法行为与损害事实之间有因果关系、行为人主观上有过错共四个构成要件，主张被侵权的一方，需要先举证证明这四个要件都具备。本案中，甲主张图书馆的电动门撞击其身体造成损害，图书馆应当承担侵权责任，就需要对该主张承担举证责任。但是，从甲提交的现有证据来看，不能证明当中的因果关系，缺少构成要件之一，故图书馆的侵权责任不能成立，甲只能承担举证不能的不利后果。

如果遇到案例中类似甲这样的情况，在公共场所遭受人身损害或财产损失比较严重的，应当第一时间拨打120或110，急救记录或出警记录基本能够客观地反映事发时的相关情况，可作为将来处理民事纠纷的证据使用。如果感觉不是那么严重，也建议第一时间留取相关证据以备将来证明自己的事实主张，比如录制视频、拍摄照片等。

（撰稿人：杨溢律师）

六、雨天未采取防滑保障措施，图书馆应对读者摔伤承担责任

〔案例要旨〕

宾馆、商场、银行、车站、机场、体育场馆、娱乐场所等经营场所、公共场所的经营者、管理者或者群众性活动的组织者，未尽

到安全保障义务，造成他人损害的，应当承担侵权责任。侵害自然人人身权益造成严重精神损害的，被侵权人有权请求精神损害赔偿。

[基本案情及处理结果]

2021年某日上午10时左右，甲到某区少儿图书馆借阅书籍，当天9时左右有降雨。根据图书馆提交的监控视频显示，甲于10时18分左右进入图书馆一层大厅，此时大厅内地面干燥，在服务台询问登记后，甲于10时20分7秒在摔倒地点停留并拨打电话，几秒钟后又返回服务台登记，甲离开后可见其停留位置地面留有一些水渍，10时20分36秒，甲某在服务台登记后离开时，右脚踩踏到刚才遗留的水渍从而滑倒，图书馆拨打120，10时44分左右，急救人员到达现场并将甲送至某医科大学附属医院救治。后双方因赔偿问题诉至法院。

法院经审理认为，综合本案的具体情况，图书馆没有证据证明设置了防滑注意警示标识，亦未铺设防滑或吸水垫，在安全保障义务方面存在瑕疵，甲本人亦未尽到注意义务，因自身鞋底带水导致摔倒，故酌定图书馆对甲的合理损失承担20%的责任。经司法鉴定机构出具司法鉴定意见，认定甲伤情构成十级伤残，故判决图书馆按20%的比例赔偿甲残疾赔偿金19564.32元和鉴定费450元，以及因伤残导致的精神损害抚慰金2000元。

[评析指引]

本案中的图书馆说"冤"也"不冤"，"冤"的是就因为短短的十几秒来不及清理地面水渍导致甲摔倒受伤，就承担了上万元的赔偿责任；"不冤"的是安全提示、防滑防护等安全保障措施没有做到位，就需要依法承担相应责任。而且在司法实践中，一旦伤残程度经鉴定达到一定等级，说明侵害人身权益造成了精神损害，侵权一方还需要承担被侵权一方的精神损害赔偿。

其实，本案中的图书馆在事发后及时拨打急救电话将甲送至医院救治，已经尽到了事后及时救助的义务，但如果其能尽到事前风险提示和预防的义务，在本案中可能无须承担责任。比如下雨天及时在图书馆入口处铺上防滑的地毯、竖立"小心地滑"的警示牌、提供装雨伞的防水袋等，千万别忽略这些细节，因为它们都能证明图书馆已尽到安全保障义务，在判定责任时会减轻甚至免除。

（撰稿人：杨溢律师）

七、观众撞上玻璃受伤，文化馆未尽安全保障义务被索赔

〔案例要旨〕

公共场所的管理者或群众性活动的组织者未尽到安全保障义务，造成他人损害的，应当承担侵权责任。被侵权人对同一损害的发生或者扩大有过错的，可以减轻侵权人的责任。

[基本案情及处理结果]

甲随其母亲乙到某文化馆参观手工技艺作品展，因当时展览室关闭，乙在一楼楼道里观看悬挂的摄影作品，甲独自去文化馆院内玩耍。乙在一楼碰到文化馆工作人员随其进入办公室询问相关的展览事情，后甲在返回文化馆办公楼找乙时，碰到办公楼左面玻璃门上，玻璃破碎致甲脸部被割伤。之后乙多次找文化馆协商赔偿事宜未果，故起诉至法院。

法院经审理认为，文化馆是公共文化服务机构，由于其承办手工技艺作品展，又成为群众性活动的组织者。虽然文化馆称事发当日展览已经结束，但未提供相关证据证明展览已结束，而且当时文化馆办公楼外面悬挂有展览条幅，楼道里陈列有摄影作品，且未设置关于展览期间的相关提示，这些都足以使一般公众认为文化活动还在举办期间。故文化馆作为群众性活动的组织者，对公共建筑物的入口、门厅等人员流动密度大及使用中容易受到撞击部位的玻璃门等建筑设施，应设置明显的警示标志。

事发时，甲撞击的文化馆办公楼玻璃门并未设置任何警示、提示标志，文化馆疏于管理，使其组织群众性活动的场所存在潜在的安全风险，未尽到应有的安全保障义务，其应对甲某的损害承担赔偿责任。乙作为甲的监护人，未尽到监护责任，对甲造成的损害也存在过错。结合本案各方的过错程度等因素，法院酌情认定文化馆对甲的损失承担 50% 的责任，办公楼管理单位即当地政府机关事务局承担 10% 的责任，甲自行承担 40% 的责任。

〔评析指引〕

文化馆是县、市一级的群众文化事业单位，一般隶属文旅局，职能主要是承载一个区域的群众文化工作，具体是为群众提供开展文化活动的场所，为群众提高文化修养提供指导，帮助群众性文艺团体排练演出，活跃区域文化活动等。由于其公共服务的性质，群众到文化馆参与活动大多是免费的，但免费不等于免责。

根据《中华人民共和国民法典》第一千一百九十八条的规定，宾馆、商场、银行、车站、机场、体育场馆、娱乐场所等经营场所、公共场所的经营者、管理者或者群众性活动的组织者，未尽到安全保障义务，造成他人损害的，应当承担侵权责任。法院认定文化馆在本案中属于群众性活动的组织者，因其在举办手工技艺作品展览期间，对出入口的玻璃门未设置明显的警示标志，导致甲撞上受伤，由于其未尽到安全保障义务，所以需承担侵权责任。同时，甲是未成年人，乙作为其母亲有法定的监护义务，事发时因疏于看管，也是造成甲受伤的原因之一，对损害的发生有过错，所以可减轻文化馆的责任。

最后，借此案例提醒各位家长，带孩子外出时千万不要让孩子离开你的视线，本案中的孩子脸部受伤已是惨痛教训，如果发生不幸，必将悔恨终身。

（撰稿人：杨溢律师）

第六章　网络营销

一、旅行社通过网红主播销售旅游产品，应对主播行为负责

〔案例要旨〕

旅行社委托网红主播在直播间销售其旅游产品，双方形成代理与被代理关系，旅行社应对主播宣传、招徕、收款行为承担法律责任。

〔基本案情及处理结果〕

2023年3月20日，张某通过第三方平台直播间观看宣传暑期北京三晚四天当地游的行程介绍，行程中包括故宫、毛主席纪念堂以及清华大学等各大景点，承诺："一价全含，保证能进故宫及清华大学，入住北京三环精品酒店"。张某按照主播引导加旅行管家微信，由旅行管家提供北京 A 旅行社的营业执照、许可证，成年人 1200元 / 人、儿童每人 800元 / 人，落地北京签订正规旅游合同。张某通过旅行管家提供的收款码支付了二大一小的接待费用 3200元。张某

自行购买机票到达北京指定集合地点，到达集合地点后导游要求张某签订旅游合同，但合同约定的行程线路与直播间宣传的行程不符，张某不同意签订该合同，旅行社以张某不签订合同，双方之间不存在合同关系为由而拒绝提供服务，张某只好自行安排之后的游览。回程后张某通过 12345 向主管机关投诉北京 A 旅行社及平台经营公司，要求退还团款并承担违约责任。

调解员将张某的诉求送达平台经营者及北京 A 旅行社，并要求提供调解方案。

平台经营者主张：直播间仅为旅游产品宣传，主播相当于广告代言人，本案张某通过直播间与主播个人或第三方产生交易，平台经营者未为张某提供交易场所，该行为不受平台监管，故不同意承担责任。

A 旅行社辩称：张某主张的直播间不是 A 旅行社开设的，A 旅行社与主播为合作关系而非劳动关系，A 旅行社在与主播合作的过程中为其提供营业执照、经营许可证，收款码也是主播个人提供的。直播间所宣传的旅游线路是主播个人宣传行为，与旅行社无关，主播招徕旅游者后交由 A 旅行社提供接待服务时，A 旅行社与旅游者签订旅游合同并按照旅游合同约定提供接待服务，本案旅游者未与 A 旅行社签订旅游合同，故 A 旅行社与旅游者之间不存在合同关系，应由主播退款并承担责任。

文旅局质监中心意见：调解过程中 A 旅行社认可其与该直播间的主播为合作关系，向其提供了营业执照、许可证，默认主播对外以 A 旅行社名义收款，旅游者有理由相信主播是代表 A 旅行社宣传并招徕，构成法律上的表见代理关系，故 A 旅行社应对主播的行为负责。

调解结果：经过文旅局质监中心调解员向双方释法，达成和解，A 旅行社同意退还团款，旅游者放弃其他违约责任。

［评析指引］

近年来，通过抖音、小红书等第三方平台直播来购买旅游产品的方式较火，网红主播也加入旅游产品带货中，其同时与多家旅行社合作，在直播间扩大宣传、低价吸引旅游者报名参团，旅游者报名后又以哪一家旅行社给的价格低交给哪一家旅行社的方式提供接待服务，导致法律关系混乱。加上旅游者为了贪图一时便宜，按照主播的要求脱离平台私下支付款项，发生纠纷无法确认责任主体，维权较难。

旅行社与网红主播合作，向其提供旅行社营业执照、许可证，允许其在直播间以旅行社名义宣传旅游产品、收取款项，旅游者有理由相信主播代旅行社对外宣传旅游产品、收取款项，双方之间构成代理关系，故旅行社应对主播的宣传内容、承诺、收款行为承担法律责任。所以主管部门建议旅行社委托主播招徕旅游者时，应严格要求主播依据旅行社提供的旅游产品内容对外宣传，不得虚假承诺、扩大宣传，并对其直播内容进行监管，如有违法、违约内容应及时终止其直播，否则由此引起的违约、违法行为由旅行社承担。

依据《在线旅游经营服务管理暂行规定》第十一条，平台经营者应当对平台内经营者的身份、地址、联系方式、行政许可、质量标准等级、信用等级等信息进行真实性核验、登记，建立登记档案，并定期核验更新。平台经营者应当督促平台内经营者对其旅游辅助服务者的相关信息进行真实性核验、登记。如果经营者未尽到法定审核义务应对消费者承担相应法律责任。

在此提醒广大旅游者通过第三方平台购买旅游产品时，应在平台上核实旅行社经营许可证，关注旅行社服务评价，严格通过第三方平台进行交易，否则自己的合法权益难以得到保障。

（撰稿人：苗慧敏律师）

二、在直播间购买的旅游产品出现问题，找谁解决

〔案例要旨〕

旅行社通过主播直播卖货的，除应对旅游产品的服务质量负责，还应对主播的宣传、推广行为负责。

〔基本案情及处理结果〕

王某在某短视频平台主播张某的直播间下单购买了 499 元的北京三日游产品，张某直播时介绍称该产品全程"豪华大巴""一定是纯玩团""住二环"等。王某称其购买后在游玩过程中发现，接送旅游者的车很普通，每天都安排购物场所，且实际居住在五环外，并

导致其观看升国旗要凌晨起床，游玩体验感极差，与直播间推广的内容完全不符。王某认为旅行社虚假宣传、欺骗消费者，遂将其下单店铺的经营者 A 旅行社投诉至文旅局质监中心，诉求 A 旅行社退一赔三。

A 旅行社接诉后辩称：王某观看的直播间并非 A 旅行社开设的，在直播间进行宣传、推广的也不是 A 旅行社工作人员，而是以自己名义独立经营的主播张某，并且张某直播间链接的 A 旅行社店铺内的产品页面并无任何夸大介绍，并完整罗列了大巴车、购物店、住宿酒店的规格、名称及照片，与实际行程是一致的，旅行社不存在欺诈。即使直播间主播宣传的内容与实际行程不一致，也是主播张某意欲扩大销量而进行的自主行为，旅行社并不知情，亦不应就主播的行为承担责任。

文旅局质监中心经对直播间回放、产品链接页面、A 旅行社与主播的合作协议及双方诉辩内容分析后认为，本案中的 A 旅行社作为广告主应对广告发布者张某的宣传行为向王某负责，如构成欺诈行为的，确应"退一赔三"。

后在王某坚持要求 A 旅行社承担惩罚性赔偿下，文旅局质监中心指引王某先行举报至广告监督管理机关——市场监督管理局，在其执法部门认定后即可径直主张。

[评析指引]

1.直播带货产品出现问题，消费者应该找谁

直播带货即指主播通过视频平台在线上展示、介绍、解答，推

广产品或者服务，最终促成商家与消费者缔结买卖或服务合同。其一般涉及主播、平台、商家、消费者四方（当然，还存在大量自卖自播，主播即商家的情况），主播作为平台内经营者，其接受商家委托为商家"带货"，其与商家之间为广告发布者与广告主的关系，与消费者之间不构成买卖或服务合同关系。因而，当直播带的"货"出现质量问题时，应由提供商品或者服务的商家承担质量责任。

2. 主播涉嫌虚假宣传，消费者可以向谁主张权利

按照《中华人民共和国广告法》第五十六条等规定，广告主应当对广告内容的真实性负责，广告发布者发布虚假广告，欺骗、误导消费者，使购买商品或者接受服务的消费者的合法权益受到损害的，由广告主依法承担民事责任（当然，如主播确系擅自发布虚假信息，旅行社可另行向主播主张其合法权益）。

此外，本案情形即便认定不构成欺诈，根据《中华人民共和国民法典》的规定，当事人一方通过互联网等信息网络发布的商品或者服务信息符合要约条件的，对方选择该商品或者服务并提交订单成功时合同成立。如主播宣传的内容涉及具体的商品或服务标准等信息，消费者据此下单的，其宣传内容属于要约，是合同的一部分；如果 A 旅行社未充分提醒排除主播宣传的标准内容，且实际提供的服务不符合主播推介的内容，应承担违约责任。

（撰稿人：张亚东律师）

三、商家签订调解书后仍不退款，平台是否需要先行赔付

〔案例要旨〕

平台内商家与旅游者发生纠纷的，平台经营者应当积极协助旅游者维护合法权益，平台经营者作出"先行赔付"等更有利于消费者的承诺的，旅游者有权要求平台先行赔付。

〔基本案情及处理结果〕

2019年12月，王某在A公司运营的"×游网"上的"YG旅行"店铺中购买了日本游旅游产品，并支付了20897元。后因疫情原因，该团无法正常赴日本出游，王某要求退款，"YG旅行"店铺的经营者B旅行社以费用已实际发生为由不予退款，王某遂投诉至文旅局质监中心。2020年5月29日，经调解，王某与B旅行社签订《旅游投诉调解书》。《旅游投诉调解书》确认："甲方一行3人参加乙方的日本旅游线路，现由于退费问题产生投诉，经双方沟通，乙方将甲方旅游费用中的18766元退还，该款项在7月13日前退还，如有延期，乙方将承担相应的违约责任及违约利息（40元／日）。"后B旅行社以资金周转出现问题为由，逾期未退款。王某据此并依据"×游网"上"安心陪护，对所有×游er的购买进行跟踪服务以及质量监控，有效投诉先行赔付，出现任何问题负责到底"的承诺，

将 A 公司投诉至文旅局质监中心，要求 A 公司就 B 旅行社的承诺的还款先行赔付。

A 公司接诉后辩称：在网络交易平台上的安心陪护条款属于保证条款，根据担保相关规定，保证人仅在约定的担保范围内承担保证责任，《旅游投诉调解书》超出了网络订单范围，A 公司无法预见，也不应对此类无保证人参与的协议内容兜底；且 A 公司直到本案涉诉才知晓此事，没有证据证明王某进行过有效投诉，故王某仍应直接向 B 旅行社主张相关诉求。

文旅局质监中心经对双方诉辩及相关材料分析后，归纳双方争议并释明如下：

A 公司作为网络交易平台的提供者，其于自行运营的"×游网"上作出"安心陪护，对所有 × 游 er 的购买进行跟踪服务以及质量监控，有效投诉先行赔付，出现任何问题负责到底"的承诺，该承诺对于旅游消费者在其平台上购买产品或接受服务的质量进行监控，并且出现问题负责到底的意思表示非常清楚明确，应为 A 公司作为网络交易平台作出的更有利于旅游消费者的承诺。同时，作为旅游消费者的王某选择通过 A 公司所运营的网络交易平台来购买商家提供的产品与服务，亦是基于对 A 公司所运营的网络交易平台以及其所作出承诺的信赖。

因此，A 公司理应履行上述对消费者做出的承诺。此外，王某曾于投诉 A 公司前向文旅局质监中心投诉了 B 旅行社，应属有效投诉，就上述投诉内容建议 A 公司对王某先行赔付，赔付后 A 公司可向 B 旅行社追偿。

A 公司表示在调解中如此处理，不利于下一步追偿的解决，故未同意调解，双方调解终止；后王某将 A 公司与 B 旅行社一并诉至法院，经两级人民法院的审理，判令 A 公司就其承诺，对 B 旅行社按《旅游投诉调解书》返还团款的民事责任承担连带清偿责任。

〔评析指引〕

依据"合同相对性""谁销售商品谁负责，谁提供服务谁负责"的原则，的确由消费环节的直接经营者依法履行消费维权第一责任人的义务，但在平台经济下，根据《在线旅游经营服务管理暂行规定》第二十一条第二款：平台内经营者与旅游者发生旅游纠纷的，平台经营者应当积极协助旅游者维护合法权益。鼓励平台经营者先行赔付。以及《中华人民共和国消费者权益保护法》第四十四条第一款：……网络交易平台提供者作出更有利于消费者的承诺的，应当履行承诺。网络交易平台提供者赔偿后，有权向销售者或者服务者追偿。旅游消费者的合法权益受到损害时，网络交易平台承诺先行赔付的，旅游消费者有权要求网络交易平台承担赔偿责任。

（撰稿人：张亚东律师）

四、旅游平台经营者应当依法监管平台内经营者的经营行为

〔案例要旨〕

随着技术的进步，旅游经营者利用互联网进行经营活动逐步成为一种趋势。无论是在互联网上经营还是线下经营，只要经营旅行社业务都要遵守《中华人民共和国旅游法》《旅行社条例》等相关规定。因互联网有着传播快、影响大的特点，仅凭平台内经营者的自律经营是远远不够的。按照《互联网信息服务管理办法》《在线旅游经营服务管理暂行规定》等有关规定，平台经营者必须承担对平台内经营者经营活动的监管责任。

〔基本案情及处理结果〕

2023 年入夏以来，北京旅游异常火爆，被疫情压抑了近三年的旅游需求一下子释放出来。随之而来，旅游主管部门接到了大量的旅游投诉。相当一部分旅游者是通过网上"旅游达人"了解了北京旅游资源的丰富和旅游服务的温馨。通过"旅游达人"交定金预约报名，然后到北京再与北京的旅行社签订旅游合同，由该旅行社提供相应服务。

2023 年 8 月，北京市文旅局质监中心接到了四川旅游者刘某投诉称，自己看到了某书旅游平台上的旅游达人游某某写的旅游攻略

和旅游心得感受，深深地被内容所吸引。这些旅游达人在旅游攻略中，除了介绍丰富的北京旅游资源，还介绍吃什么、住哪里方便便宜，如要详细了解情况可以加微信细聊。游某某可以推荐自己了解的旅行社等。旅游者刘某相信了游某某的话，就代表一家四口人向游某某交了定金每人200元，用于景点门票预订。旅游者刘某一家四口到京后，按照游某某提供的联系方式，与旅行社见了面。旅行社称与游某某不是一个单位的，要求刘某与旅行社重新签订《旅游合同》并补缴旅游团款4800元。刘某看了旅游行程后觉得与旅游达人游某某所述行程内容大相径庭，不签合同吧，一家四口都来了，人生地不熟，自己去玩，精力和时间成本都很高；签合同吧，孩子心仪的两个著名景点行程上没有，还要有两次购物。经过权衡，刘某还是无奈地签了合同。虽然旅行社在服务中没有出现大的问题，但刘某及家人的旅游心情大打折扣，带着遗憾回了家。刘某回四川后遂向文旅局质监中心投诉旅游达人和某书平台，称其虚假宣传，误导旅游者，要求退还部分交通费和旅游费。

文旅局质监中心对刘某提供的证据材料进行分析后认为，该起投诉主要包括三方面问题：一是旅游达人在旅游攻略中以个人名义推介、联系、收取定金，其行为已经具有经营旅行社业务的性质。按照《中华人民共和国旅游法》《旅行社条例》的规定，经营旅行社业务只能是领取营业执照的企业或其分支机构并经过文旅主管部门行政许可，游某某个人未经许可经营旅行社业务违反了相关法律规定；二是旅游达人涉嫌虚假宣传误导旅游者的问题；三是某书旅游平台违反了《在线旅游经营服务管理暂行规定》，没有严格审查平台内经营者的资质，对平台内经营者的经营内容、经营行为没有进行有效监管。由于文旅局质监中心与游某某无法取得联系，无法进行投诉调解，只能终止调解。对于发现的行政违法问题，已移交文旅综合执法部门处理。除处罚外，文旅行业监管部门还对某书平台进行了重点约谈，指出其具体违法问题，责令其立即予以纠正。

〔评析指引〕

《互联网信息服务管理办法》第十三条规定，互联网信息服务提供者应当向上网用户提供良好的服务，并保证所提供的信息内容合法。

《在线旅游经营服务管理暂行规定》第十条规定，在线旅游经营者经营旅行社业务的，应当依法取得旅行社业务经营许可；第十一条规定，平台经营者应当对平台内经营者的身份、地址、联系方式、行政许可、质量标准等级、信用等级等信息进行真实性核验、登记，建立登记档案，并定期核验更新；第十九条规定，平台经营者应当对平台内经营者服务情况、旅游合同履行情况以及投诉处理情况等产品和服务信息、交易信息依法进行记录、保存，进行动态管理；第二十条规定，社交网络平台、移动应用商店等信息网络提供者知道或者应当知道他人利用其服务从事违法违规在线旅游经营服务，或者侵害旅游者合法权益的，应当采取删除、屏蔽、断开链接等必要措施。

前述个人未经许可经营旅行社业务，旅游达人说得天花乱坠、虚假宣传，这些违法行为在线下本就是重点打击的对象。但利用互联网实施上述违法行为隐蔽性更强、传播速度更快、危害性更大。所以在坚持线上线下一视同仁、打击不放松的前提下，《在线旅游经营服务管理暂行规定》又规定了平台经营者对平台内经营者的审查、监督、报告的具体监管义务。政府主管部门要求平台经营者发挥自身技术优势，制定并实施有效的监管制度，对违法或侵害消费者权益的行为应当采取删除、屏蔽、断开链接等必要措施，否则，也应承担法律责任的立场是有法律依据的。

（撰稿人：李川律师）

五、境外旅游经营者直接在境内平台上销售旅游产品，平台承担产品经营者责任

〔案例要旨〕

境外旅游经营者不具有在中国境内经营旅游业务的资质，直接在境内平台上销售旅游产品，平台经营者违反《在线旅游经营服务管理暂行规定》，由平台经营者对旅游产品承担责任。

〔基本案情及处理结果〕

旅游者家属起诉：旅游者通过平台网络公司开发运营的 App 购买了 2 份名为"【鲍鱼＋螃蟹＋接送机】沙巴环滩岛一日游＋浮潜＋

海钓 +BBQ 鲍鱼午餐 + 沙巴一日游"的产品（以下简称"涉诉旅游产品"），费用共计 546 元，"平台自由行"的邮箱向旅游者发送订单确认信息，明细中显示"环滩岛一日游【鲍鱼、螃蟹、海钓、沙巴地接社直营】"，订单下方载有"咨询产品请联系供应商——沙巴地接社，联系电话及微信号"。旅游者在使用涉诉旅游产品过程中，因发生双体船翻船事件，该旅游者失踪，被推定为死亡，旅游者家属起诉平台经营者要求各项赔偿，共计 200 万余元。

在线旅游平台主张：一是从事实层面，在案证据清晰证明平台网络公司系在线旅游平台的运营者，不是旅游经营者。平台网络公司作为旅游平台的运营者，已然通过涉案旅游产品的订购页面、平台使用协议、订单确认邮件等方式，明确地向旅游者传达了沙巴地接社公司是旅游产品的提供者、经营者的信息，且明确地提示旅游者与沙巴地接社公司签订旅游合同。平台网络公司仅是为旅游者、沙巴地接社订立旅游合同提供网络经营场所、交易撮合、信息发布等服务的平台运营者，旅游者是通过登录旅游在线平台，与沙巴地接社订立的旅游合同。旅游者作为理性的、具备完全民事行为能力的成年人，完全能够理解产品订购页面中明确标示的"平台认证商家""该旅游产品由沙巴地接社提供"等宣介内容的真正含义，亦能够清楚地辨识、有理由相信其是与沙巴地接社订立的旅游合同关系，沙巴地接社是为其实际提供旅游产品的经营者。二是从法律层面，平台网络公司是网络交易平台经营者，不是旅游经营者。根据平台网络公司与沙巴地接社所签《平台服务协议》，平台网络公司实际是为沙巴地接社展示旅游产品信息发布服务，供沙巴地接社与消费者在其运营的网络平台上独立开展交易活动的电子商务平台经营者，不是旅行社。平台网络公司从未就涉案旅游产品从事任何招徕、组织、接待活动，也从没有参与或提供涉案旅游产品包括行程安排、交通、住宿、餐饮、游览、导游或者领队等一系列环节在内的旅游服务，仅是为沙巴地接社发布旅游产品信息提供了一个平台服务而已，所有的旅游服务都是沙巴地接社实际提供的。平台网络公司已经完全履行了作为网络交易平台应该履行的义务，在商品销售页面公示了商家营业执照，与入驻商家签署了《平台服务协议》，在《用户协议》中明确了网络交易平台地位。三是平台网络公司对旅游者遭遇沉船后死亡没有过错，不应当承担赔偿责任。平台网络公司不是旅游经营者，不应承担作为旅游经营者的赔偿责任，平台网络公司作为平台经营者，已尽到审核和风险提示义务，不应承担相应的赔偿责任。并提交如下证据佐证：（1）平台网络公司系统后台对沙巴地接社资质予以审核的截图；（2）中国领事服务网站中可查询的马来西亚旅游局公示的沙巴地接社的资质材料；（3）涉诉旅游产品宣传订购网页中"重要提示"的截图，提示了旅游风险；（4）平台网络公司工作人员在事发后前往沙巴协助沟通事故处理的照片以及垫付受害者家属返还机票、当地食宿等费用的材料、事故工作报告。

一审法院判决平台网络公司承担全部赔偿责任。平台网络公司不服一审判决提起上诉，二审中，旅游者提交了主管机关的处罚决定，用以证明境外旅行社不能提供组团社服务。

二审法院认为，平台网络公司以平台网络公司仅为平台经营者，实际旅游服务提供者系沙巴地接社为由抗辩，主张其无须承担侵权责任。对此，本院认为，平台网络公司的主张依据并不充分。首先，根据案涉订单确认邮件的内容，邮件所附订单信息文件中记录"所有跟预订有关的问题请联系平台客服，客服会为您处理"。其次，订单确认邮件等证据中虽显示了供应商为沙巴地接社，但未对供应商的含义作出解释，亦未明确提示所确认的订单系消费者与该公司订立的。而从产品销售页面的宣介内容来看，涉诉旅游产品的"产品介绍"中虽然展示了沙巴地接社的证件资质，但对沙巴地接社的标注为"请认准沙巴合法的地接旅行社"，而地接社根据《中华人民共和国旅游法》等法律法规的规定以及旅游业行业惯例应属于旅游辅助服务者而非旅游经营者。平台网络公司在订单中披露的沙巴地接社的信息以及由沙巴地接社提供的服务，亦符合沙巴地接社作为地接社的地位。再次，从沙巴地接社的情况来看，其并未在我国依法办理工商登记并取得相应的行政许可，平台网络公司主张其系涉诉旅游产品的提供者和实际经营者，不符合《网络交易管理办法》第七条中"从事网络商品交易及有关服务的经营者，应当依法办理工商登记……从事网络、商品交易及有关服务的经营者销售的商品或者提供的服务属于法律、行政法规或者国务院决定规定应当取得行政许可的，应当依法取得有关许可"之规定，以及《中华人民共和国旅游法》第二十九条关于旅行社经营出境旅游应当取得相应的业务经营许可之规定。综合上述情况，平台网络公司根据其提交的《平台服务协议》等证据以及在网站上披露沙巴地接社的情况，主张其在涉诉旅游产品的提供中仅为平台经营者，依据并不充分，本院难以采信。

一审法院结合涉诉旅游产品销售页面的宣介内容、订单确认邮件中体现的信息以及网站和订单中对沙巴地接社的披露程度和方式等，从普通消费者的认知出发，分析认定旅游者系基于对"平台"品牌的信赖在其网站购买涉诉境外旅游产品，并有理由相信其系与平台网络公司订立的旅游合同关系，平台网络公司系旅游经营者，沙巴地接社仅为在沙巴当地接待旅游者的旅行社等组织，系旅游辅助服务者的角色，合理有据，且论述翔实充分，本院不再赘述，并对一审法院的相关认定予以确认。现平台网络公司未尽到安全保障义务，造成旅游者在旅游中遭遇沉船后死亡，该旅游者家属有权主张平台网络公司承担相应赔偿责任，一审法院对此认定正确，本院予以确认。

裁判结果：二审法院驳回上诉，维持原判。

〔评析指引〕

境外企业在境内旅游平台上开设店铺属于在中国境内从事生产经营活动，就必须符合中国法律规定，依据《外国（地区）企业在中国境内从事生产经营活动登记管理办法（2020修订）》第二条：根据国家有关法律法规的规定，经国务院及国务院授权的主管机关（以下简称审批机关）批准，在中国境内从事生产经营活动的外国企业，应向省级工商行政管理部门（以下简称登记主管机关）申请登记注册。外国企业经登记主管机关核准登记注册，领取营业执照后，方可开展生产经营活动。未经审批机关批准和登记主管机关核准登记注册，外国企业不得在中国境内从事生产经营活动。领取营业执照，再依据《中华人民共和国电子商务法》第十二条：电子商务经营者从事经营活动，依法需要取得相关行政许可的，应当依法取得行政许可。以及《中华人民共和国旅游法》第四十八条第一款：通过网络经营旅行社业务的，应当依法取得旅行社业务经营许可，并在其网站主页的显著位置标明其业务经营许可证信息。依法办理旅行社经营许可，否则，属于无资质经营，而平台经营者允许无资质主体在平台上销售旅游产品，依据《中华人民共和国电子商务法》第三十八条第二款：对关系消费者生命健康的商品或者服务，电子商务平台经营者对平台内经营者的资质资格未尽到审核义务，或者对消费者未尽到安全保障义务，造成消费者损害的，依法承担相应的责任。因此，应由平台公司先行承担责任。

在此也提醒消费者，不要认为与目的地当地地接旅行社直接签订旅游合同就省钱，也不是当地地接社直接接待服务就好。一旦出现纠纷或事故如果在中国境内没有合同主体，维权较难，合法权益无法得到保障。

（撰稿人：苗慧敏律师）

第七章　个人信息与知识产权保护

一、在线音乐教育培训机构违反必要原则收集个人信息构成违法

〔案例要旨〕

处理个人信息应当遵循必要原则，在线音乐教育培训机构违反必要原则，收集与其提供的服务无关的个人信息，属于违法处理用户个人信息的侵害行为。

〔基本案情及处理结果〕

某 App 是某网络科技有限公司开发、运营的一款音乐视频教学类手机应用程序，主要功能为在线音乐教育，通过直播教学，提供热门乐器线上教学视频。该 App 在安装、使用过程中存在以下涉及用户个人信息的违法违规问题：（1）该 App 在下载安装及使用过程中未显示隐私政策条款，未通过弹窗等明显方式提示用户阅读隐私

政策等个人信息收集使用规则，且没有具体隐私政策的内容；（2）该
App 因用户不同意收集非必要个人信息（比如"读取手机中已安装
应用列表"）或打开非必要权限（比如"获取 IMEI 即国际移动设备
识别码和 IMSI 即国际移动用户识别码的权限"），而拒绝提供业务
功能；（3）该 App 在申请打开可收集用户行踪轨迹等个人敏感信息
时，未同步告知用户其目的、方式和范围。

经有关部门组织调解，运营上述音乐教培 App 的网络公司承诺：
（1）立即停止实施侵害 App 用户个人信息的违法、违规行为，按照
相关法律法规、国家标准的要求进行全面整改；（2）由辖区内行政监
管部门认可的第三方检测机构对整改情况进行合规检测，若仍存在
违法违规行为，则立即下架 App 直至整改通过检测；（3）立即删除
违法违规收集、储存的全部用户个人信息，包括用户精确定位信息
（经纬度信息）、手机设备号信息几十万余条等；（4）就侵害用户个
人信息的行为，在权威媒体及该 App 首页向社会公众做公井赔礼道
歉；（5）在今后的运营过程中严格遵守个人信息保护的法律法规，不
再有违法违规收集使用个人信息行为，并自觉接受辖区内行政监管
部门的监督检查；（6）若存在违反前述内容的行为，一经行政主管部
门或司法机关确认，将自愿支付 50 万元全部用于全国性个人信息保
护公益基金的公益支出。

[评析指引]

《中华人民共和国个人信息保护法》第五条规定了处理个人信息
应遵循的基本原则之一便是"必要原则"，第十六条规定个人信息

处理者不得以个人不同意处理其个人信息为由拒绝提供产品或服务，除非该个人信息属于提供产品或服务所必需的。本案中，在线音乐教培机构因用户不同意其读取手机中已安装的其他应用软件等非必要个人信息，就拒绝为用户提供在线音乐教学视频等服务，明显违反上述法律的规定，因为对于该 App 所提供的服务而言，知道用户在使用的其他应用并非必要。

好在经有关部门及时指出并从中调解，及时解决该 App 违法处理用户个人信息的问题，避免非必要的个人信息被收集，切实保障了用户的合法权益。同时，本案也提醒广大消费者要勇于维权，对于 App 运营者以只有授权才能提供完整服务为名而收集非必要个人信息的行为，要敢于说"不"。

（撰稿人：杨溢律师）

二、旅游经营者应合法采集旅游者人脸敏感信息，并定期依法处理

〔案例要旨〕

文旅经营者在接待旅游者的过程中，需要采集旅游者姓名、身份证信息等，应合法合规收集、使用和储存个人信息，并应定期删除，充分保障旅游者的知情权和选择权等合法权益，切实保护旅游

者个人信息安全。

〔基本案情及处理结果〕

A 景区由浙江 G 旅游发展有限公司（以下简称 G 公司，其控股股东是某国有公司）负责实际运营。2020 年 7 月，A 景区通过招标委托浙江 H 科技有限公司（以下简称 H 公司）建设完成人脸识别系统，并投入运行。系统使用期间，A 景区在采集旅游者人脸信息时未依法履行告知义务，存在强制要求购票旅游者录入人脸信息、"刷脸"入园的情形，且景区未对采集到的人脸信息定期予以删除，致使旅游者个人信息被侵害，损害了社会公共利益。

2021 年 10 月，最高人民检察院（以下简称最高检）根据志愿者反映，将 A 景区要求旅游者"刷脸"入园、涉嫌侵害旅游者人脸信息的线索交由浙江省人民检察院（以下简称浙江省院）办理。专案组对该线索立案调查，对 A 景区人脸识别系统前端完成电子取证。经调查发现，A 景区现场购票除要求旅游者提供身份证外，还要求旅游者进行"刷脸"认证，且未告知"刷脸"入园的必要性及后续如何处理刷脸信息，对旅游者人脸信息储存和使用缺乏具体制度规范。主管机关对 G 公司提出整改要求。在相关人员的监督下，A 景区前期采集、储存的旅游者人脸信息被删除，并建立起人脸信息采集和使用的制度规范。景区门口和购票处已设置告知牌，告知旅游者"刷脸"入园的相关事项，征求旅游者意愿，旅游者可以自由选择人脸识别、购买纸质门票、网络购票等多种方式进入景区。对于采用人脸识别进入景区的旅游者，景区会根据旅游者入园的需要合理设置人脸数据删除的期限，并在旅游者游玩结束后自动删除人脸信息，确保旅游者人脸信息安全。

[评析指引]

随着信息技术的高速发展，个人信息已经被大规模、自动化地收集和存储。个人信息保护不仅涉及个人的权利保护，同时也体现了对社会公共利益的保护。人脸信息属于敏感个人信息，一旦被泄露或者非法使用，将会导致个人的人格尊严受到侵害或者人身、财产安全危害。

文旅企业在接待旅游者时，特别是提供境内外住宿、机票、签证等服务内容时必然需要收集个人信息，应遵守《中华人民共和国个人信息保护法》的相关规定，处理个人信息应当具有明确、合理的目的，并应当与处理目的直接相关，采取对个人权益影响最小的方式。收集个人信息，应当限于实现处理目的的最小范围，不得过度收集个人信息，向消费者告知个人信息的处理目的、处理方式，处理的个人信息种类、保存期限，并且应基于个人同意处理个人信息。在提供服务完毕后，企业应定期删除个人信息，否则属于侵权行为，应承担相应法律责任。

全国各地检察院就企业违规收集个人信息的行为提起公益诉讼。工信部开展了 App 侵害用户权益专项整治行动，对企业运营的小程序存在违规收集个人信息、强制索取用户权限等问题，依据《中华人民共和国网络安全法》《中华人民共和国个人信息保护法》要求企业进行整改，如未按照要求整改，将进行行政处罚。

国家互联网信息办公室于 2023 年 8 月 8 日发布了《人脸识别技术应用安全管理规定（试行）（征求意见稿）》，征求意见稿中提出了人脸识别技术应用领域应予备案，强化了个人信息权益及其他人身和财产权益保护，对企业采取人脸信息的合规提出更高的要求。

（撰稿人：苗慧敏律师）

三、住客信息被泄露，酒店应承担赔偿责任

〔案例要旨〕

依据《中华人民共和国民法典》的规定，自然人不仅隐私权应受到保护，个人信息也应受到保护。酒店住客的住宿信息及行踪属于可能影响公民人身、财产安全的敏感个人信息，未经住客同意不得泄露，否则侵害公民个人信息安全和合法权益，应承担赔偿责任。

〔基本案情及处理结果〕

王女士与丈夫因家暴离婚后，带孩子在某海滨城市的酒店度假，入住第二天，他们从海边游玩回到酒店。正撞见其前夫在房间外徘徊，其大惊失色立即报警，警察到现场询问其丈夫如何知道王女士在此居住，王女士前夫交代其通过手机定位，跟踪到此酒店。其在前台称是女方丈夫，因事晚来一步，询问王女士住哪个房间。酒店

的前台服务员见他说的都对，所报身份证号码也相符，随即告知了王女士所住房间号，所以他就在此等待王女士。因其前夫的打扰，王女士的假期计划被打乱，心情更加痛苦。之后王女士认为酒店泄露个人信息，侵害了自己的合法权益。遂将酒店起诉至法院，要求返还住宿费以及赔偿精神损失等费用。

酒店答辩：王女士前夫提供了王女士的所有信息，酒店前台尽到了合理的审查义务，告诉王女士前夫房间号也是为了帮助王女士一家能尽快团聚，并非恶意泄露王女士房间号，且房间号不属于隐私权，未造成隐私泄露，故不应承担赔偿责任。

法院判决：公民的信息受法律保护，酒店泄露了王女士的房间号和行踪，是其受到骚扰和惊吓的直接原因。根据《中华人民共和国民法典》的规定，判决宾馆退还王女士住宿费并酌定赔偿精神抚慰金损失等费用。

［评析指引］

《中华人民共和国民法典》第一千零三十二条规定："自然人享有隐私权。任何组织或者个人不得以刺探、侵扰、泄露、公开等方式侵害他人的隐私权。"第一千零三十四条规定："自然人的个人信息受法律保护。"

个人信息是以电子或者其他方式记录的能够单独或者与其他信息结合识别特定自然人的各种信息，包括自然人的姓名、出生日期、身份证件号码、生物识别信息、住址、电话号码、电子邮箱、健康信息、行踪信息等。个人信息中的私密信息，适用有关隐私权的规定；没有规定的，适用有关个人信息保护的规定。

法律提示：自然人的个人隐私、信息均受法律保护。酒店在客人入住时，酒店应当依法查验旅客的身份证件，按规定的项目如实登记，掌握了客人的个人信息后，在处理个人信息时，应当遵循合法、正当、必要和诚信原则，征得该自然人或者其监护人同意。并采取必要的保护措施，未经本人同意不得擅自向第三方泄露，否则由此造成损失由酒店方承担。

（撰稿人：苗慧敏律师）

四、为什么读书软件取得用户同意后使用个人信息仍违规

[案例要旨]

网络运营者收集、使用个人信息应遵循合法、正当、必要原则，且处理个人信息需要同时满足让用户知情、获得用户同意的条件，该知情及同意不仅包括对信息内容的知情及同意，还包括对收集、使用的目的、方式和范围的知情及同意。

[基本案情及处理结果]

黄某在登录某图书馆运营的读书软件（下称"W读书"）时发现，该软件通过不授权无法登录使用的方式，将其微信好友关系的

数据交予 W 读书，在 W 读书的"关注"栏目下出现了使用该软件的黄某微信好友名单。同时，在没有进行任何添加关注操作的情况下，黄某账户中"我关注的"和"关注我的"页面下出现了大量黄某的微信好友。此外，无论是否在 W 读书中添加关注关系，黄某与共同使用 W 读书的微信好友也能够相互查看对方的书架、正在阅读的读物、读书想法等。黄某认为，W 读书的上述行为侵犯了其个人信息权益和隐私权。

W 读书反驳称，其没有为黄某自动添加好友，W 读书获得黄某的微信好友关系数据、向黄某共同使用 W 读书的微信好友展示读书信息，均经过了黄某的授权同意。

北京互联网法院经审理认为，W 读书获取黄某微信好友列表经过黄某同意，不违反合法、正当、必要的基本原则，不构成对个人信息权益的侵害。但是，关于 W 读书向黄某共同使用该应用的微信好友公开黄某读书信息、为黄某自动关注微信好友并使得关注好友可以查看黄某读书信息的行为，考虑到 W 读书中的信息组合与人格利益较为密切、W 读书迁移微信好友关系、W 读书默认向未关注的微信好友公开读书信息等因素，W 读书存在较高的侵害用户人格利益甚至隐私权的风险。W 读书许可服务协议未以合理的"透明度"告知黄某并获得同意，侵害了黄某的个人信息权益。

鉴于此，法院判决停止 W 读书收集、使用黄某微信好友列表信息，删除 W 读书中留存的黄某微信好友列表信息；解除黄某在 W 读书中对其微信好友的关注；解除黄某的微信好友在 W 读书中对黄某的关注；停止将黄某使用 W 读书软件生成的信息向黄某共同使用

W 读书的微信好友展示的行为。

〔评析指引〕

本案中，W 读书软件虽然获取用户的微信好友列表事先得到了同意，但没有明确告知用户会如何使用这些信息，以至于侵害了用户对其个人信息使用享有的知情权。其实，在《中华人民共和国个人信息保护法》中对此有明确规定，要求个人信息处理者在处理个人信息前，应当以显著方式、清晰易懂的语言真实、准确、完整地向个人告知个人信息的处理目的、处理方式等事项。

此外，本案也给广大网络软件的用户提了个醒，在使用前要注意服务协议和隐私声明的内容，尤其是要仔细阅读有关个人信息处理的条款，预防因网络软件违背用户意愿使用信息造成合法权益受到损害的情形发生。

（撰稿人：杨溢律师）

五、手机 App 未经许可读取用户剪贴板信息构成侵权

〔案例要旨〕

手机 App 经营者应依法收集、使用个人信息，对未经许可监测、读取用户手机剪贴板信息等侵犯个人信息权益和隐私权的行为，依

法承担侵权责任。

[基本案情及处理结果]

某酒店运营的手机 App《隐私政策》在"用户信息的收集和使用"中列举了拟收集的用户信息，但未包括用户剪贴板信息，安装 App 后手机页面显示的权限内容也未包含剪贴板信息。李某某在使用过程中发现该 App 存在未经用户同意监测、读取手机剪贴板信息的行为，认为剪贴板可以存储身份证号、手机号、照片等涉及隐私的个人信息，该网络科技公司的行为侵害其个人信息权益以及隐私权，遂诉至法院要求该公司删除未经许可收集的信息，停止未经许可收集剪贴板信息并赔礼道歉、消除影响等。

法院经审理认为，某网络科技公司作为 App 的实际运营者、网络服务提供者，未向李某某主动告知且未经李某某许可便监测、读取手机剪贴板信息存在过错，该行为侵害了李某某的合法权益，判决该公司向李某某出具书面道歉声明。

[评析指引]

很多人可能有疑问，剪贴板是怎么泄露个人信息的？举个例子就明白了：比如你父母通过微信把身份证号等信息发给你，让你在网上操作帮他们订机票，你下一步的操作肯定是复制号码，然后粘贴到订票软件上。但如果这时你打开了其他应用软件，该应用会在后台偷偷读取你剪贴板上的内容，然后就读取到了你复制的身份证号并上传到自己的后台，于是你父母的身份信息就这样被泄露了。

也许大多数商家监测、读取用户剪贴板信息是为了分析用户的消费习惯，从而向用户精准推送广告，但这么做的前提必须是保障用户的知情权，否则就是一种赤裸裸的侵权行为。目前，部分手机制造商比较重视用户敏感信息及个人隐私的保护问题，在用户复制、粘贴信息过程中，若有应用试图从后台读取该信息，会主动跳出弹窗提示用户是否允许粘贴。

随着《中华人民共和国民法典》《中华人民共和国个人信息保护法》等法律的颁布实施，说明国家对公民隐私和个人信息的保护越来越重视，手机 App 的经营者作为个人信息的处理者之一，更应严格依法收集和使用用户的个人信息，切实保护每一位用户的个人信息权益。在隐私声明里主动告知用户，如个人信息的处理目的、处理方式和处理的个人信息种类等，不能因为用户容易忽视（比如剪贴板信息），就可以肆意妄为，否则需承担相应的侵权责任。

（撰稿人：杨溢律师）

六、因消费者给"差评"，"剧本杀"经营者擅自公布其个人信息构成侵权

［案例要旨］

娱乐场所的经营者对其因提供商品或服务而获取的消费者个人

信息负有保护义务，公开回应消费者的"差评"时，应注意不得侵犯消费者的个人信息，否则需承担侵权责任。

〔基本案情及处理结果〕

2021 年 4 月，张某等人因不满某商家的"剧本杀"游戏服务，在点评网站上发布"差评"。该商家遂在微信公众号中发表《澄清声明》，公开了其与张某等人的微信群聊记录、游戏包厢监控录像片段、张某等人的微信个人账号信息，还称"可向公众提供全程监控录像"。张某等人认为商家的上述行为侵害了其个人信息权益、隐私权和名誉权，因此起诉至法院要求其停止侵权、赔礼道歉及赔偿精神损失等。商家则以张某等人恶意发布差评为由，要求其承担侵害名誉权的责任。

审理法院认为，消费者在经营者提供的包间内的活动具有私密性，经营者为了澄清"差评"通过微信公众号公开消费者包间内监控录像并称可提供全程录像，侵害了张某等人的隐私权，且未经张某等人同意公布其微信个人账号信息，侵害了张某等人的个人信息权益。而张某等人发布的"差评"系对"剧本杀"服务的主观感受，不属于虚构事实，即使该商家的店铺排名因此降低也属正常经营风险，张某等人的行为不构成侵权。故判令经营者立即停止公开监控录像，删除文章中"可向公众提供全程监控录像"的表述及张某等人的微信账号信息，在微信公众号发布致歉声明，并向张某等赔偿精神损害抚慰金。

〔评析指引〕

本案起因是消费者对经营者提供的服务不满予以评价，从而引发经营者对消费者个人信息权益的侵犯。

先说评价，根据《中华人民共和国消费者权益保护法》的规定，消费者享有对商品或服务进行监督的权利，经营者应当接受监督并听取消费者对其提供商品或服务的意见。所以，消费者提出评价的权利依法受到保护，但该权利并非可以随意滥用，应是基于自身真实消费体验而作出的合理评价，不得虚构或夸大事实，否则经营者也有权主张消费者恶意评价并要求赔偿名誉损失。

再议个人信息，本案中经营者因提供"剧本杀"服务而获取到张某等人的微信个人账号信息，如需公开必须符合《中华人民共和国个人信息保护法》的规定，事先取得消费者的同意，否则就属于违法处理个人信息，应依法承担侵权责任。

（撰稿人：杨溢律师）

七、酒店成功注册商标后，如使用不当可能被撤销

〔案例要旨〕

有些企业或个人恶意囤积大量注册商标而不使用，阻碍了其他

真正生产、销售企业对相同或近似商标的使用。为了提高市场上对注册商标的活跃度，《中华人民共和国商标法》第四十九条第二款规定，注册商标没有正当理由连续三年不使用的，任何单位或者个人可以向商标局申请撤销该注册商标，也即商标长期闲置可能被"清理"。企业商标注册成功后还要正确并保存使用证据，否则可能会遭遇被撤销的风险。

［基本案情及处理结果］

北京某五星酒店收到国家知识产权局发来的《关于提供注册商标使用证据的通知》：某知识产权代理有限公司依据《中华人民共和国商标法》第四十九条的规定以连续三年不使用为由，于 2023 年 8 月 9 日向我局申请撤销你方第 3758609 号"九霄云外"商标在第 43 类"酒吧"等全部核定使用服务上的注册。经审查，我局予以受理。根据《中华人民共和国商标法实施条例》第六十六条、第六十七条的规定，请你方在收到本通知之日起 2 个月内向我局提交 2020 年 8 月 9 日至 2023 年 8 月 8 日期间在核定使用服务上的使用证据材料，或者证明存在不使用的正当理由。期满不提供使用证据材料，或者提供的证据材料无效且没有正当理由的，我局将依法撤销该商标在第 43 类"酒吧"等全部核定使用服务上的注册。使用证据材料能够证明在部分核定使用商品上使用的，我局将依法维持该商标在部分商品上的注册，撤销在其他商品上的注册。

北京某五星酒店答辩：酒店以"九霄云外"开设的酒吧一直正常经营，酒店已通过第三方平台宣传"九霄云外"酒吧及销售酒吧产品。并提供了上述期间酒店与第三方平台合作的协议、平台上关于"九霄云外"酒店宣传内容的截图，证明酒店实际使用"九霄云外"商标。

国家知识产权局经过审核酒店方提供的证据，认定 2020 年 8 月 9 日至 2023 年 8 月 8 日期间实际使用了"九霄云外"的商标，驳回申请人的申请。

〔评析指引〕

随着商标注册的简化及商标保护意识的加强，近几年商标注册量剧增，一些"热门字"已被注册，再想成功注册含有"热门字"的商标越来越难。还有一些企业想傍名牌、搭便车，就注册相似的商标，但很难被注册下来就先撤销原来的商标再抢注，且撤三申请（撤销连续三年停止使用注册商标的申请）也较为简单，只要第三人提出商标持有人连续三年未使用，商标持有人就要提供有效证据证明该商标在申请人指定的三年内在使用的证据。所以商标注册成功后，应该正当使用并经常查验自己的商标是否使用及保留使用证据，以免被有心之人钻空子。如为了全类保护而注册非正常使用的商标，建议每三年再次申请注册一次，以防连续三年被他人申请撤销。如果持有的商标被申请撤三，收到知识产权局通知后，建议通过提供以下材料予以驳回：

（1）首先需要核实下公司名称中是否含有"商标"；

（2）企业的微信、微博、第三方平台等网络媒体上是否有三年内使用过的宣传资料；

（3）公司的宣传单、优惠券、结算凭证等资料上三年内使用商标；

（4）关于公司对外销售的产品、服务是否有商标标识；

（5）公司对外参加的展会上宣传商标的照片；

（6）载有商标标识的资质证明、荣誉证书、奖状、荣誉及称号等。

另提醒企业在经营过程中，每年应保留商标使用的相关证据，特别是对于企业已经注册的非主要商标，如未有使用的证据则将面临被申请撤销的风险。

（撰稿人：苗慧敏律师）

第八章　特殊人群保护

一、老年旅游者适用什么标准

〔案例要旨〕

现行法律法规中并没有对老年人个人的出行限制，老年人完全可以根据自身身体状况，选择适宜的旅游等娱乐活动；旅行社在招徕、组织接待老年旅游者时应注意明确相应的服务标准，采取相应的安全保障措施。

〔基本案情及处理结果〕

旅游者张某投诉称，北京某旅行社通过会议销售的形式用赠送礼品的方式诱导80岁以上老年人缴纳会员费，并在未征得老年人直系亲属同意的情况下签订了入会和旅游合同，而相关合同又有霸王条款强制老年人参加该旅行社组织的旅游活动。张某在发现"上当"后，即要求旅行社返还会员费用，因旅行社不同意退费，故投诉至文旅局质监中心，要求旅行社退还全部费用，并称国家对老年人旅游作出了限制规定，不允许旅行社接待80周岁以上的老年人，同时《旅行社老年旅游服务规范》也明文规定，75岁以上的老年旅游者应请成年直系家属签字。因此，旅行社系违规销售，作为81岁的老年人其个人与该旅行社签订的相关合同均是无效的，即使已经出游，合同无效就自始无效，旅行社应该退还全款。

北京某旅行社接到质监中心转送投诉后辩称，张先生实际是因在旅游过程中不合群，自我感受不佳，方提出退款要求，对于其未消费部分，旅行社同意退还。

质监中心经对双方诉辩及相关材料分析，归纳双方争议并作出释明（见评析指引部分）后，张某不再主张退还全款。就张某未消费的部分，旅行社同意退款，质监中心没有异议；就各方确认的张某已完成的行程，如旅行社在履行过程中存在违约等问题，张某可以主张退还部分旅游费用并获得损失赔偿。鉴于双方均提到的旅游感受不佳的问题，旅行社认可导游存在照顾不周的情况，质监中心提出就该行程按照《旅行社服务质量赔偿标准》第九条"导游或领队未按照国家或旅游行业对旅游者服务标准提供导游或者领队服务，影响旅游服务质量的，旅行社应向旅游者支付旅游费用总额1%至5%的违约金"赔付的处理意见，双方接受了质监中心意见，达成了和解。

[评析指引]

1. 80岁以上老年人是否能参团

有不少老年旅游者投诉时提及他们曾在朋友圈看到一条推送，

该推送指出国家不允许旅行社接待 80 周岁以上的老年人，而 70 周岁以上的老年人则需去医院开具健康证明。结合老年人的认知特点，该"新规"听起来合理，实际上无据，因为现行法律法规中并没有对旅游人员的年龄限制。一位成年人，无论是否至耄耋之年，只要没有被法院判决认定为无民事行为能力人或者限制民事行为能力人，都是完全可以自主决定其社会活动的，也理应对自己的行为承担相应责任。

2.《旅行社老年旅游服务规范》是否对旅行社有强制约束力

《旅行社老年旅游服务规范》确实存在，但结合《中华人民共和国标准化法》第十二条的规定，《旅行社老年旅游服务规范》为行业标准，依据《中华人民共和国标准化法》第二条，行业标准是推荐性标准，即《旅行社老年旅游服务规范》为引导旅行社规范经营行为和提高服务质量而制定的技术性要求，并非强制性标准或规定，不能直接作为行政管理的抓手，亦不能作为合同无效的依据。并且，规范中"75 岁以上的老年旅游者应请成年直系家属签字"的内容存在限制公民个人行动自由、抵触《中华人民共和国老年人权益保障法》"老年人有权自主决定个人行动，不受任何人干涉"基本精神的情形，不产生法律效力。

3. 已经出游归来还可以要求旅行社退款

本案中张先生主张的年龄和《旅行社老年旅游服务规范》问题均不构成合同无效的合法事由，且即使合同无效，根据《中华人民共和国民法典》第一百五十七条"……不能返还或者没有必要返还的，应当折价补偿。有过错的一方应当赔偿对方由此所受到的损失……"，并非均为全款退还。

（撰稿人：张亚东律师）

二、养老式酒店未按约定提供养老养生服务应依法承担相关责任

〔案例要旨〕

专门提供养老服务的连锁酒店承诺老年人预付一定款项后可享受指定的养老养生服务，但在与老年人签订合同、收取订金后却无法提供相应服务且不退款，属于违约行为且致使合同目的不能实现，老年人有权解除合同并要求退款。

〔基本案情及处理结果〕

某养老产业发展有限公司是一家为老年人、残疾人提供养护服务的酒店。2019 年，吴某同该公司签订养生养老合同，约定吴某支付预订金后，即获得会员资格和相应积分，积分可以在该公司旗下任何酒店抵现使用。预付的订金如果没有额外消费，期满后还可退还。吴某支付完 21 万元预订金后，该公司无法提供相应服务且不退款。吴某起诉请求解除合同，并判令该公司返还预订金及利息。

法院经审理认为,《中华人民共和国民法典》第五百六十三条规定,当事人一方迟延履行债务或者有其他违约行为致使不能实现合同目的的,当事人可以解除合同。民事主体从事民事活动应当遵循诚信原则,秉持诚实、恪守承诺。本案中,双方签订的养生养老合同合法有效,某养老产业发展有限公司收到吴某订金后无法提供相应服务,存在根本违约,吴某享有合同解除权。因此,法院判决某养老产业发展有限公司返还吴某预订金并支付利息,同时将该公司涉嫌养老诈骗犯罪线索移送公安机关。

〔评析指引〕

按照《中华人民共和国老年人权益保障法》的定义,老年人是指60周岁以上的公民。国家统计局数据显示,至2022年年末,中国60岁及以上人口达到2.8亿。另据全国老龄办预测,到2033年,中国老年人口将突破4亿,占总人口的1/4;2053年达到峰值4.87亿,占比超过总人口的1/3。中国已成为世界上老年人口最多的国家、老龄化速度最快的国家之一。

在国务院关于2023年国民经济与社会发展计划草案的报告中提到,国家要发展养老事业和养老产业,加强老年健康服务和管理,支持银发经济发展等。本案中,养老式酒店的承诺对老年人来说是很有吸引力的,签了合同、收了钱之后就应当按合同履行义务,结果却是既不兑现承诺也不退还款项,老年人当然依法有权要求解约并退款,养老式酒店不仅要承担民事责任,对其中涉嫌诈骗的行为还要承担刑事责任。

对于新兴发展的养老产业，国家和政府既要引导其合法规范经营，又要依法制裁其中的违法犯罪行为，保护老年人的财产权益，守护老年人晚年的生活安宁。

（撰稿人：杨溢律师）

三、老年人在免费的博物馆参观时摔倒，博物馆可以免责吗

〔案例要旨〕

对老年人免费开放的公共场所的管理者未尽到安全保障义务，造成老年人损害的，应当承担侵权责任。老年人自身及其家属对损害发生有过错的，可以减轻侵权人的责任。

〔基本案情及处理结果〕

2019 年 6 月 9 日，66 岁的孙某某与其夫、其子共同前往对老年人免费开放的某博物馆参观。孙某某在博物馆某展厅内的台阶处迈步下最后一级台阶时，回望同行家属，左脚部分踩空，不慎跌倒。事发处的台阶呈不规则状分布、宽度不一，台阶侧立面安装了发光警示条，便于行走处铺贴了小脚丫图案，里面印有"小心台阶"的文字。孙某某摔倒后，与家人自行离开博物馆，于当日被送至医院急诊，并住院接受治疗，医院主要诊断为左股骨胫骨折。经鉴定，

孙某某左下肢损伤构成九级伤残，治疗期间累计支出各项医疗费用65159.57元。

法院经审理认为，本案中博物馆作为公益性场所，负有比经营性场所更轻的安全保障义务，只有在场所设施设备存在缺陷、缺乏有效警示和安全防范措施、怠于救治等情况下承担相应责任。博物馆内某展厅不规则的台阶分布改变了旅游者的正常行走习惯，增大了受害风险，虽然博物馆通过安设发光警示条和铺贴小脚丫图案等形式进行常规警示防范，但该防范措施就不规则台阶的潜在风险情况而言并不充分，从监控视频可见，事发处的最后一级台阶比倒数第二级台阶明显变宽，孙某某的摔倒与其对台阶宽度的认知及预判偏差存在一定因果关系。

另外，孙某某下台阶时已经注意到台阶的存在并且顺利下行至最后一级台阶，踩空摔倒时正在回望家属，其损害结果发生与其自身专注和谨慎程度不高也存在因果关系。孙某某是老年人，陪同参观的家属有照顾义务，孙某某损害后果的发生，与其子缺乏预见、疏于防范存在一定因果关系。综合考虑上述各种因素对孙某某损害结果发生的原因力大小，博物馆未完全尽到合理限度的安全保障义务，最终判处博物馆对孙某某的损失承担20%的赔偿责任。

[评析指引]

公共场所的管理者未尽到合理的安全保障义务，给他人造成损害的，需要承担相应的损害赔偿责任。本案中，某博物馆属于公共场所，老年人可以免费参观，但免费并不意味着免责。法院的判决给博物馆的管理者提了个醒，要进一步增强法律意识和服务意识，切不可认为自己免费提供服务就忽视了自身的法定义务。

同时，本案也给老年人启发，出行要提升风险意识，根据自己的身体状况量力而行。如果有成年子女随行，更应照顾好身边老年人，尽量避免意外的发生。

（撰稿人：杨溢律师）

四、老年旅游者向"中间人"支付团款，因行程取消能向旅行社主张退费吗

〔案例要旨〕

"中间人"的代理行为在外观上使老年旅游者相信其是旅行社的员工并具有代理权，老年旅游者对此判断是基于善意且无过失的，在将旅游费用支付给"中间人"后，因疫情原因造成行程取消，老年旅游者有权要求旅行社退还旅游费用。

〔基本案情及处理结果〕

2019 年 12 月，于某某代表一行共 20 名老年人与张某某沟通前往福建旅游一事，并通过微信转账向其支付了旅游费用，后于某某收到某旅行社发送的电子合同，上面带有其合同专用章，合同载明：

甲方为于某某一行20人，乙方为某旅行社，旅游产品为霞浦双动7天等内容，并附有旅游者身份信息和旅游行程单。之后该团因疫情原因未能出行，于某某遂与张某某沟通退款事宜，但张某某以公司未退款，其本人没拿到旅游款项为由拒绝退还，于某某遂将某旅行社告上法庭要求退款。

某旅行社辩称，于某某一行20人确实与其签订了旅游合同，但张某某并不是其公司员工，张某某只是作为中间人帮助其与老年旅游团签订旅游合同，其承诺合同成立后会给予张某某相应的佣金。旅行社在整个过程中是没过错的，旅游事宜的协商是由张某某进行的，与其无关，故不同意于某某的诉讼请求。

法院认为，张某某存在有代理权授予的外观，其沟通签订合同的行为在外在表现上有使于某某相信行为人有代理权的事实。于某某基于对合同公章的信任以及对张某某本人的信任，综合旅游合同签订的惯例，其与某旅行社签订旅游合同存在正当理由，于某某对张某某有代理权形成了合理信赖，相信其有权代表某旅行社收取旅游费用。现因客观原因行程取消，故判决某旅行社返还于某某旅游费用。

[评析指引]

随着中国人口老龄化的加剧，针对老年群体的消费也越来越多，老年旅游尤其是一块重要的市场。而由于老年人普遍对新生事物认识有限、防范心较弱，容易被人利用和蒙骗，因此在签订旅游合同及旅行过程中，合法权益经常受到侵犯。

本案中，老年旅游者基于信任，找"中间人"报了团，团费也支付给了"中间人"，因为取得了正规旅游合同，所以有理由相信"中间人"就是旅行社的人员，有权代表旅行社收取团费。法院基于外表授权的存在、相对人形成了合理信赖、相对人系善意且无过失等主要因素，对"中间人"的行为认定为表见代理，从而支持了老年旅游者，为其挽回了损失。

虽然老年人的旅游权益在本案得到了保护，但仍要提醒广大老年旅游者，尽量找正规旅行社报团出游，一定要签旅游合同，旅游费用应支付到旅行社对公账户并记得索要发票。这样合法合规操作，老年旅游才有保障，真正做到后顾无忧。

（撰稿人：杨溢律师）

五、网吧未核对消费者身份致未成年人冒用他人身份证上网被处罚

［案例要旨］

互联网上网服务营业场所经营单位未按规定对上网消费者的身份证等有效证件进行核对、登记，导致未成年人冒用他人身份证件登记上网，被行政主管部门依法予以处罚。

〔基本案情及处理结果〕

2022 年 5 月 6 日，文化市场综合行政执法部门在开展网吧日常执法检查时，对某网吧内现场 30 余名上网消费人员逐一进行身份信息核实比对，发现 83 号机上网人员黄某某使用罗某某身份信息登记上网消费，并对黄某某身份信息展开现场询问。执法人员初步判断该网吧涉嫌未按规定核对、登记上网消费者的有效身份证件，上网人员黄某某疑似未成年人。执法人员现场对该网吧作出责令改正处理，该网吧负责人就现场检查情况签字确认。

之后，执法人员通过调取户籍信息，核实上网消费人员黄某某身份，认定黄某某为未成年人；另调取该网吧上网消费管理系统信息，认定 2022 年 5 月 6 日 83 号机罗某某（实为黄某某）身份信息登记上网消费 12 元。

2022 年 6 月 6 日，执法部门依据《互联网上网服务营业场所管理条例》《中华人民共和国未成年人保护法》等相关规定，对该网吧给予警告、没收违法所得 12 元及罚款 16000 元的行政处罚。

〔评析指引〕

《中华人民共和国未成年人保护法》对未成年人的定义是未满 18 周岁的公民，并严格要求如互联网上网服务营业场所等不适宜未成年人活动场所的经营者，不得允许未成年人进入。因为未成年人对网络的认知度较低、自控力较差，容易沉迷于网络的花花世界中。在家有大人管教还好，如果社会不施加约束，未成年人恐浪费大量时间甚至金钱在网络上，并且长时间用眼过度，也会导致视力下降、损害身心健康。

鉴于此，有关部门近年来对《中华人民共和国未成年人保护法》《互联网上网服务营业场所管理条例》等法律法规的宣传力度和监管力度都在不断加大，尤其对个别互联网上网服务营业场所的经营者不认真核对上网消费者的身份信息导致个别未成年人冒用他人身份证件上网消费等情形也加大了处罚力度。

"计算机普及要从娃娃抓起"这句话是没错，但前提是离不开家庭的用心教导与社会的正确引导，相信只有在家庭和社会的共同努力下，才能够为未成年人的健康成长营造一个良好的环境。

（撰稿人：杨溢律师）

六、酒店对未成年人入住未尽安全保护义务需承担相应法律责任

〔案例要旨〕

酒店等住宿经营者接待未成年人单独入住或和成年人共同入住时，应当询问父母或者其他监护人的联系方式、入住人员的身份关系等有关情况，发现有违法犯罪嫌疑的，应当立即向公安机关报告，并及时联系未成年人的父母或者其他监护人。

〔基本案情及处理结果〕

黄某某与朱某某（均系未成年人）通过网上聊天认识后发展为男女朋友关系。2021年6月，朱某某与黄某某相约见面，随后二人入住某酒店。后黄某某监护人得知，该酒店在接待未成年人黄某某时，未询问其父母的联系方式及入住人员的身份关系等有关情况。黄某某以某酒店未尽安全保护义务使其遭受性侵害为由诉至法院，请求某酒店赔偿精神损害抚慰金20000元，某酒店的经营者承担连带责任。

根据《中华人民共和国未成年人保护法》第五十七条规定："旅馆、宾馆、酒店等住宿经营者接待未成年人入住，或者接待未成年人和成年人共同入住时，应当询问父母或者其他监护人的联系方式、入住人员的身份关系等有关情况；发现有违法犯罪嫌疑的，应当立即向公安机关报告，并及时联系未成年人的父母或者其他监护人。"法院经审理认为，某酒店在接待未成年人黄某某入住时，未询问其父母的联系方式及入住人员的身份关系，未尽到对未成年人安全保护的法定义务，应承担一定责任。最终双方达成调解协议，某酒店同意赔偿黄某某精神损害抚慰金5000元，并当场履行完毕。

〔评析指引〕

若住宿经营者违反上述规定，除依据《中华人民共和国未成年人保护法》会受到行政部门轻则限期改正、警告，重则停业整顿、吊销执照/许可并处罚款的行政处罚外，根据《中华人民共和国民法典》的规定，其未尽到安全保障义务，造成他人损害的，还需要承担侵权的民事责任。比如在一起刑事案件中，有成年人 A 带看起来只有十来岁的未成年人 B 办理入住，酒店却未询问 B 父母的联系方式以及与 A 的关系，导致 A 对 B 实施了猥亵、强奸的行为。后法院在判决 A 犯罪的同时，该酒店也因未尽安全保护义务，致使未成年人在其经营场所遭受侵害，对 B 承担了相应的精神损害赔偿责任。

本案的警示在于，酒店等住宿经营者应严格履行保护未成年人的法律义务，在接待未成年人入住时，应查验身份并如实登记报送相关信息，询问其父母或其他监护人的联系方式和同住人的身份关系等情况，同时加强访客管理和安全巡查。如发现未成年人疑似遭受侵害线索或面临不法侵害危险的，应立即向公安机关报案，预防针对未成年人的不法侵害。

（撰稿人：杨溢律师）

七、电竞酒店管理中应尽到哪些未成年人保护工作

〔案例要旨〕

"电竞酒店"作为近年来发展的新兴业态，受到众多青少年的青睐。电竞酒店应接受旅馆住宿、互联网上网服务营业场所的双重管

理。如电竞酒店违规接纳未成年人，易滋生未成年人违法犯罪，损害未成年人身心健康。主管机关严厉打击，重视未成年人保护工作，促进未成年人健康成长。

〔**基本案情及处理结果**〕

2023 年 8 月，北京市文化市场综合执法总队检查中发现，北京某招待所违反《文化和旅游部　公安部关于加强电竞酒店管理中未成年人保护工作的通知》要求，未在电竞区域入口处的显著位置悬挂未成年人禁入标志。执法大队依据《中华人民共和国未成年人保护法》第五十八条、第一百二十三条规定，责令该电竞酒店限期改正，对其作出警告的行政处罚。

〔**评析指引**〕

2023 年最高人民检察院发布 4 件新兴业态治埋未成年人保护检察公益诉讼典型案例之二：浙江省诸暨市人民检察院督促履行电竞酒店监管职责行政公益诉讼案，在网吧等单一业态的互联网营业场所监管日益规范的背景下，电竞酒店以"住宿＋上网"的混业经营模式，以酒店住宿的方式接纳多名未成年人无限制上网，导致未成年沉迷网络、夜不归宿，并引发多起涉未成年人违法犯罪案件。

近年来酒店也在多元化发展，在酒店设立电竞区域不仅可以组办专业的电竞赛事、腾讯游戏，还有各种桌游游戏等，受到青少年青睐。传统网吧也在"＋住宿"，一些小旅馆为了吸引客户也增加了电竞区域。为了规范电竞酒店经营，加强电竞酒店管理中未成年人保护工作，树立未成年正确的价值观念，为未成年人营造良好的教育、成长环境，文旅部 2023 年 8 月 3 日发布了《文化和旅游部 公安部关于加强电竞酒店管理中未成年人保护工作的通知》，要求电竞酒店落实《中华人民共和国未成年人保护法》有关规定，根据最有利于未成年人原则，切实加强电竞酒店管理中未成年人保护工作，促进行业健康有序发展，做到如下内容：

（1）通知规定电竞酒店每间电竞房的床位数不得超过 6 张，计算机数量和入住人员不得超过床位数。

（2）严禁电竞酒店违规接待未成年人。专业电竞酒店和非专业电竞酒店的电竞房区域，均属于不适宜未成年人活动的场所。电竞酒店经营者应当遵守《中华人民共和国未成年人保护法》等有关法律法规，不得允许未成年人进入专业电竞酒店和非专业电竞酒店的电竞房区域。

（3）设置禁入标志。专业电竞酒店经营者应当在酒店入口处的显著位置悬挂未成年人禁入标志；非专业电竞酒店经营者应当在相近楼层集中设置电竞房并划定电竞房区域，在电竞房区域入口处的显著位置悬挂未成年人禁入标志。电竞酒店经营者应当在前台显著位置和客房管理系统明示电竞房区域分布图。鼓励非专业电竞酒店经营者对电竞房区域进行物理隔离、电梯控制，防止未成年人擅自进入。

（4）履行告知义务。电竞酒店经营者应当在消费者预订、入住等环节明确告知其电竞房区域不接待未成年人；通过电子商务平台等开展客房预订的，应当以显著方式提示消费者电竞房区域不接待未成年人。电子商务平台经营者应当核验电竞酒店提示信息。

（5）落实"五必须"规定。电竞酒店非电竞房区域接待未成年人入住时，经营者应当严格落实"五必须"规定：必须查验入住未成年人身份并如实登记；必须询问未成年人父母或者其他监护人的联系方式并记录备案；必须询问同住人员身份关系等情况并记录备案；必须加强安全巡查和访客管理，预防对未成年人的不法侵害；必须立即向公安机关报告可疑情况，并及时联系未成年人的父母或者其他监护人，并同时采取相应安全保护措施。

（6）实施网络安全技术措施。电竞酒店经营者应当依法制定信息网络安全管理制度和应急处置预案，实施互联网安全保护技术措施。电竞酒店经营者应当设置禁止未成年人登录计算机、消费时长提示等功能，并通过网络技术措施服务提供者向文化和旅游行政部门提供电竞房分布、设置禁止未成年人登录功能以及阻断登录情况等可查询信息。

（7）实施图像采集技术措施。电竞酒店经营者应当按照有关规定，在大厅、前台、通道、电竞房区域主要出入口等公共区域内的合理位置安装图像采集设备并设置采集区域提示标识，加强检查值守，发现有未成年人违规进入电竞房区域的，要及时劝阻并联系其父母或者其他监护人。图像采集信息应当依法留存，不得不当披露、传播，并在文化和旅游行政部门等部门检查电竞房时提供查询。

（8）建立日常巡查制度。电竞酒店经营者应当建立日常巡查制度，发现有未成年人违规进入、未实名登记擅自进入等违法行为的，应当立即制止并分别向所在地县级文化和旅游行政部门、公安机关报告。文化和旅游行政部门、公安机关等有关部门有权依法对辖区内电竞酒店的电竞房实施监督检查，电竞酒店经营者应当配合，不得拒绝、阻挠。

如电竞酒店未履行上述义务，主管机关将《中华人民共和国未成年人保护法》第一百二十二条、第一百二十三条规定予以处罚。

（撰稿人：苗慧敏律师）

八、KTV 允许未成年人进入并向其提供啤酒，酿成惨剧需担责

〔案例要旨〕

营业性歌舞娱乐场所，不得允许未成年人进入，对难以判明是否已成年的，应当要求其出示身份证件。娱乐场所未尽到安全保障义务，造成他人损害的，应当承担侵权责任。

〔基本案情及处理结果〕

2019 年 10 月 4 日晚，甲（2002 年出生）和几名同学到某 KTV 娱乐，并点了啤酒饮用。后甲因酒后不适去厕所自主催吐，同学们发现甲某一直未从厕所出来，敲门也无人应答，便找来服务员开门。门开之后发现甲倒在厕所里，呼喊其名字并拍打其身体也无反应，

遂拨打 120 急救电话。救护车将甲送往医院，到达现场时甲已无脉搏和呼吸，最终抢救无效去世。甲某的家属以某 KTV 未阻止尚未成年的甲进入娱乐场所、出售酒精饮料给未成年人，未尽到安全保障义务为由，诉至法院要求其对因甲死亡造成的损失承担 50% 的赔偿责任。

法院经审理认为，某 KTV 在经营过程中未能尽到合理的审查义务，接待了包括尚未成年的甲某等一行人在其经营场所消费，并提供了啤酒，其行为违反了《中华人民共和国未成年人保护法》的相关规定，主观上具有过错，并与甲最终因醉酒呕吐，呕吐物吸入气管致机械性窒息死亡的损害后果之间存在因果关系，故该 KTV 应对此承担相应的法律责任。针对该 KTV 提出甲进入营业场所时的穿着与成年人无异，其允许甲进入不存在过错的抗辩意见，法院认为 18 周岁只是一个年龄划分的节点，一般普通人对于 18 周岁左右的人的实际年龄均不太可能作出精准的判断。也正是基于此，法律才明确规定了营业性歌舞娱乐场所在难以判明进入人员是否已成年的情况下，应当要求其出示身份证件这一法定审查义务，但显然某 KTV 在本案中并未尽到该项义务，存在过错。最后，综合考虑某 KTV 过错程度及其行为对损害后果发生的原因力大小，甲某事发时的认知能力及其对损害后果发生的控制能力，甲父母的监管责任等因素，酌情确定某 KTV 承担 20% 的赔偿责任。

［评析指引］

未成年人是国家的未来和希望，为给他们营造一个健康成长的环境，法律给予了他们特殊的保护，因此每一个社会成员都应当严格履行法律规定的自身义务。《中华人民共和国未成年人保护法》规定，营业性歌舞娱乐场所等不适宜未成年人活动的场所，不得允许未成年人进入，经营者除了应当在显著位置设置未成年人禁入标志外，对难以判明是否已成年的，应当要求其出示身份证件。

本案中，如果KTV的经营者能够秉着"疑似从严"的态度，对看起来像大人的未成年人多一分要求（查看身份证件），而不是任由其进店并点啤酒饮用，也许一条宝贵的生命就可以挽救。也正是由于经营者未尽到法定的安全保障义务，依据《中华人民共和国民法典》的相关规定，造成他人损害需承担侵权责任。

最后，希望通过本案让广大娱乐场所的经营者能够引以为戒，不要让类似悲剧在未成年人身上再次发生。

（撰稿人：杨溢律师）

九、老年旅游者能否要求退还免费景点的费用

［案例要旨］

老年旅游者获得优惠是法定权利，不管是自行前往景点还是参团出游，都不影响享受门票优惠权利的实现，因此，除另有明确约定外，旅行社以包价合同为由拒绝退还门票不成立。

〔基本案情及处理结果〕

旅游者王先生投诉称：其一家五口（含两位60岁以上的老年人）到北京参加旅行社组织的团队旅游，每人旅游费580元，共计2900元。在游览天坛公园时，其注意到景点售票处告知老年人免费入场，经查询天坛公园官方购票平台，免费政策载明60周岁及以上外省市旅游者凭本人身份证刷卡入园即可，但是旅行社收取的他们五人的门票完全一样，且没有对两位老人多提供什么不一样的服务，因此要求旅行社退还天坛景区门票费用两人共计68元。

旅行社接诉后回应称：旅游费用是打包价，不单列费用，合同未约定享受免票优惠的款项旅行社应予扣减，因此王先生此项主张缺乏依据。

文旅局质监中心认为，包价旅游合同和门票优惠不矛盾。包价旅游合同的特点之一，就是旅游者以总价方式向组团旅行社支付旅游费用，但这仅仅是支付旅游团款的方式，总价支付只是说明旅行社不需要向旅游者列出服务明细，诸如房费、餐费、门票等的具体费用构成，但并不意味着老年旅游者能够享受的优惠权利就此消失，现行《中华人民共和国旅游法》第十一条规定："残疾人、老年人、未成年人等旅游者在旅游活动中依照法律法规和有关规定享受便利和优惠。"又结合《中华人民共和国老年人权益保障法》第五十八条规定："博物馆、美术馆、科技馆、纪念馆、公共图书馆、文化馆、影剧院、体育场馆、公园、旅游景点等场所，应当对老年人免费或者优惠开放。"因此，老年人无论是获得优惠还是免费，均是法律赋予的法定应得权利，未经权利主体明确表示放弃，不得以任何形式、任何理由擅自剥夺。老年旅游者是参加旅行社组织的旅游团出游，还是自行前往景点游览，仅仅是老年旅游者对于出游方式的自愿选择，并不影响和阻碍享受门票优惠权利的实现。老年旅游者参团旅游当然可以继续享受优惠的权利，旅行社以包价旅游合同性质为由，拒绝退还门票的理由不成立。

由此，经向旅行社释法说理，旅行社自愿退还 68 元门票费用，和解结案。

［评析指引］

旅行社在组团前就应提前了解旅游地有关免票旅游者（老年人、军人、残疾人等）的相关规定，并制定相关解决方案，明确告知旅游者可能存在的景点优惠情况，并向参团的旅游者解释、说明旅行社的服务特点、旅游包价服务价格的组成等内容，征得旅游者认可，若旅游者不同意或未明确表示放弃景点优惠，则必须给予其法律规定的相应优惠或提供相应对价服务。

（撰稿人：张亚东律师）

第九章　经营单位负责人、股东责任

一、旅行社悄无声息地注销了，未退还的团款谁承担

〔案例要旨〕

一般情况下，股东以注册资本承担有限责任，但如果股东实行简易或违规注销，导致债权人的债权无法得到清偿的，则股东应当对公司的全部债务承担责任。

〔基本案情及处理结果〕

2019年年底，张某与家人共计六人通过北京A旅行社报名参加欧洲旅游，团费共计8万余元，出行日期为2020年1月28日至2月11日，双方签订合同并交付费用，因2020年1月24日疫情原因未能出行，张某要求A旅行社退还全部款项，A旅行社主张已有实际发生的费用应予以扣除，双方争议较大。张某向法院起诉北京A旅行社退还全部费用，A旅行社提供了已实际发生且不可退还的费用的凭证，

法院判决 A 旅行社应退还张某未发生的费用 65000 元。判决生效后 A 旅行社未主动向张某履行支付义务，在张某申请强制执行过程中发现 A 旅行社已被注销。张某调取 A 旅行社工商注销手续载明股东通过简易程序注销了旅行社，且向工商作出承诺"A 旅行社的债务清偿完毕，否则产生债务由股东承担责任"。随后张某追加了 A 旅行社的所有股东，要求对 A 旅行社所负债务承担清偿责任。执行局认为 A 旅行社的股东向主管机关作出虚假承诺，并承诺愿意对 A 旅行社的债务承担清偿责任，故追加 A 旅行社的全体股东承担清偿责任，最后双方达成执行和解，全体股东共同偿清张某的 65000 元。

[评析指引]

为维护交易安全，保障债权人利益，《中华人民共和国公司法》规定除公司因合并、分立而解散，债权债务由合并、分立后继续存续的公司承继外，依法进行清算是申请公司注销登记必经的前置程序。但因市场监督管理部门在办理简易注销登记手续时侧重于形式审查，实践中债务人公司未经依法清算或虚假清算即申请简易注销的情况屡见不鲜，但是如此操作非但不能逃避债务，反而要承担更为严重的法律后果。

根据《最高人民法院关于民事执行中变更、追加当事人若干问题的规定》第二十一条等相关规定，如果在生效法律文书作出后、强制执行完毕前公司注销的，申请执行人可向法院申请变更、追加有限责任公司的股东、股份有限公司的董事和控股股东为被执行人，对公司债务承担连带清偿责任。同时，基于股东未履行清算义务产生的过错责任，在未经清算即办理注销登记的情形下，股东的赔付数额并不受到公司"有限责任"的限制，不论其是否实缴出资及认缴出资金额多少，全体义务人均须对债权人承担相应的"无限责任"。

并且，依据《工商总局关于全面推进企业简易注销登记改革的指导意见》，除了相关义务人代替公司承担赔付责任外，市场监督管理机关也可以对在简易注销登记中隐瞒真实情况、弄虚作假的企业依法撤销注销登记，并在恢复企业主体资格的同时将该企业列入严重违法失信企业名单，通过国家企业信用信息公示系统予以公开。另外，根据具体案情，如果人民法院认为相关人员存在妨碍民事诉讼行为，情节严重的，可以对直接责任人员予以罚款、拘留，构成犯罪的，依法追究刑事责任。

除本案未经依法清算即简易注销之情形外，还有如下情形均突破了股东的有限责任：

（1）虚假出资，股东未按照法律规定缴纳出资。

（2）出资不到位，依据《最高人民法院关于适用〈中华人民共和国公司法〉若干问题的规定（二）》第二十二条第二款：公司财产不足以清偿债务时，债权人主张未缴出资股东，以及公司设立时的其他股东或者发起人在未缴出资范围内对公司债务承担连带清偿责任的，人民法院应依法予以支持。

（3）抽逃出资，《中华人民共和国公司法》第三十五条：公司成立后，股东不得抽逃出资。

（4）公司虚假清算或清算过程中未依法向债权人履行通知和公告义务。

（5）公司资不抵债或不经营了，股东怠于履行清算程序或未按照规定执行清算方案。

（6）在公司解散后，恶意处置公司财产给债权人造成损失，债权人主张其对公司债务承担相应赔偿责任。

（7）怠于履行义务，导致公司主要财产、账册、重要文件等灭失，无法进行清算，债权人主张其对公司债务承担连带清偿责任。

（8）在公司解散后，未经依法清算，以虚假的清算报告骗取公司登记机关办理法人注销登记，债权人主张其对公司债务承担相应赔偿责任。

（9）在公司登记机关办理注销登记时承诺对公司债务承担责任，债权人主张其对公司债务承担相应民事责任的，人民法院应依法予以支持。

（10）被执行人被撤销、注销或歇业后，上级主管部门或开办单位无偿接受被执行人的财产，致使被执行人无遗留财产清偿债务或遗留财产不足清偿的，可以裁定由上级主管部门或开办单位在所接受的财产范围内承担责任。

（11）清算组成员从事清算事务时，违反法律、行政法规或者公司章程给公司或者债权人造成损失，公司或者债权人主张其承担赔偿责任的，人民法院应依法予以支持。

（12）股东过度控制、支配、滥用公司法人独立地位，逃避债务，严重损害公司债权人利益的。

（撰稿人：苗慧敏律师）

二、旅行社的唯一股东应证明公司财产与个人财产相互独立，否则应对旅行社债务承担连带责任

〔案例要旨〕

现行《中华人民共和国公司法》规定，一人有限责任公司的股东不能证明公司财产独立于股东自己的财产的，应当对公司债务承担连带责任。也就是当一人公司的债权人要求一人公司的股东承担连带责任时，一人公司人格或财产独立的举证责任归属到一人公司的股东，如果股东未能提供有效证据证明公司财产与个人财产相互独立，股东就应承担连带责任。

〔基本案情及处理结果〕

李某诉讼称：其与 A 旅行社合作，李某对外以 A 旅行社的名义收取并支付款项，经营结余款项归李某所有。截至 2018 年 9 月 20 日，李某在 A 旅行社公司账户结余款项为 361298.27 元。李某与 A 旅行社公司财务人员核对后要求 A 旅行社对外代付，但 A 旅行社公司并未按要求支付也未将该款项支付至李某个人。截至 2020 年 8 月，李某多次找到 A 旅行社协商退还前述款项，A 旅行社认可该款项但称无力支付。

经企查查工商查询 A 旅行社已被提起多起案件，执行案件被终

本。而王某作为 A 旅行社公司在与李某合作期间的一人股东，如果王某无证据证明其个人财产与公司财产是相互独立的，应对 A 旅行社公司的债务承担连带责任。因此，诉求 A 旅行社与王某连带退还其结余款项。

A 旅行社公司答辩：不同意李某的诉讼请求。李某与 A 旅行社公司之间不存在合作关系，诉争款项是 A 旅行社代第三方收取的业务往来款项且该款项已全部支付给第三方，不应向李某支付，李某应向第三方公司主张该款项。

王某答辩：本人只是 A 旅行社的股东，该社为有限责任公司，本人与 A 旅行社是两个独立的主体，不应对 A 旅行社的债务承担责任，李某也没有证据证明本人与 A 旅行社之间存在财务混同的情形，故李某主张本人承担连带责任没有法律依据。

法院判决：李某提供的证据足以证明经营期间收入汇至 A 旅行社的账户，A 旅行社负责对外开具相应发票，A 旅行社公司扣取相关费用后向李某结算或按照李某的指示对外付款。同时，A 旅行社公司的财务人员已与李某完成对账，A 旅行社公司及其法定代表人王某和现在的其他股东均多次向李某付款。故李某与 A 旅行社公司之间存在事实上的合同关系，且该合同关系系双方真实意思表示，不违反法律法规的强制性规定应属合法有效。

李某要求 A 旅行社公司支付该笔款项的诉讼请求，有事实和法律依据，本院予以支持。依据《中华人民共和国公司法》第六十三条之规定，涉案债务产生时王某系 A 旅行社的唯一股东，且其未提交证据证明其作为公司唯一股东期间其财产与公司财产相互独立，应承担举证不能的不利后果，应对本案的债务承担连带责任。

判决：A 旅行社公司于本判决生效之日起十日内向李某支付款项，王某对 A 旅行社公司的前述第一项债务承担连带责任。

〔评析指引〕

《中华人民共和国公司法》第五十七条规定："一人有限责任公司是指只有一个自然人股东或者一个法人股东的有限责任公司。"由于只有一个股东，相对于普通有限公司或者股份有限公司而言，一人公司的经营者可以实现完全操控公司并作出符合股东意志的有效决策，一人公司成为备受创业者青睐的公司形式。但是，不少一人股东为了收支款项方便，在经营过程中又以个人账户代收代付公司业务款项，由此极易被认定为混同，债权人起诉时将公司作为第一被告、股东作为第二被告要求承担连带责任，或者在执行阶段追加股东作为被执行人对公司债务承担连带责任，法院均易予以支持。并且，即便发生了股权转让，如本案案例中诉讼发生时王某已将股权转让，但原股东无法证明诉争债务产生时财产独立的，仍需对公司债务承担连带责任。

如文旅企业采用一人公司形式的，则建议应当从问题的根源出发，在日常经营时应当严格保证公司人格独立，公司资产与股东资产严格区分管理，如有必须往来的情形，应当明确记载该往来的原因并依法记账；严格遵守《中华人民共和国公司法》第六十二条的规定，每一会计年度终了时编制财务会计报告，并经会计师事务所审计。同时，可要求会计师事务所在审计报告中直接对一人公司与股东财产是否混同发表明确意见。

（撰稿人：苗慧敏律师）

三、股东代收团款不能证明与公司财产相互独立，应对公司债务承担连带责任

〔案例要旨〕

旅行社的法定代表人、大股东或股东个人账户代收款项后，如不能证实其个人财产与旅行社公司财产相互独立，应对旅行社相关债务承担连带责任，即便其旅行社非"一人公司"。

〔基本案情及处理结果〕

A 公司为 B 旅行社进行旅游产品的宣传并收款，合作期间，A 公司招徕旅游者 1000 人，分 17 次向 B 旅行社及其大股东个人账户打款近千万元。B 旅行社于组织首批 379 名旅游者出行后，不再继续提供旅游产品服务，经数次交涉，才知 B 旅行社已无法继续完成剩余行程，A 公司便要求 B 旅行社退款，经反复催要，B 旅行社向 A 公司出具退款承诺函，承诺三个月后将剩余款项退还，后 B 旅行社逾期仍未还款，并已形成大量投诉，A 公司遂起诉 B 旅行社按照

承诺退还款项，并以大股东（收款人）与 B 旅行社存在财务混同为由，要求承担连带责任。

B 旅行社与其大股东答辩：因公司经营出现严重亏损无力继续经营，公司已列还款计划，但确实没有钱退款。该款项为公司欠款，公司借用大股东（收款人）的个人账户收取款项，大股东收到 A 公司款项后已经全部转给 B 旅行社或直接用于 B 旅行社的经营。大股东（收款人）仅为公司股东，不应对公司的债务承担连带责任。

法院认定：A 公司和 B 旅行社公司之间签订的退款承诺函系双方的真实意思表示，合法有效，A 公司向 B 旅行社主张还款诉讼请求具有合同依据，且不违反法律规定，法院予以支持。本案双方合作中，A 公司的大量款项进入到大股东（收款人）个人账户，大股东（收款人）的个人账户亦多次向 A 公司转款，现无证据证明大股东（收款人）个人账户收到 A 公司多笔款项后已经全部转账至 B 旅行社，且银行流水显示该个人账户还有部分用于个人消费，因此法院对 A 公司主张的大股东（收款人）存在财产混同行为的意见予以采信，法院对 A 公司主张的大股东（收款人）在本案中承担连带责任的请求予以支持。

〔评析指引〕

公司人格独立和股东有限责任是公司法的基本原则。否认公司独立人格，由滥用公司法人独立地位和股东有限责任的股东对公司债务承担连带责任，是股东有限责任的例外情形，旨在矫正有限责任制度在特定法律事实发生时对债权人保护的失衡现象。《中华人民共和国公司法》第二十条第三款规定："公司股东滥用公司法人独立地位和股东有限责任，逃避债务，严重损害公司债权人利益的，应当对公司债务承担连带责任。"常见的滥用法人独立地位的情形有人格混同、过度支配与控制、资本显著不足等。

现实中，规模较小的有限责任公司常常出现控股股东、法定代表人等利用其个人账户收取企业往来款项的情况，旅游行业即由于交易额较小、笔数较多，特别是直接招徕旅游者的组团社，合同相对方大部分是个人，习惯用微信/支付宝转账，旅行社为了交易便利或为了避税，便提供股东或法人账户收款。当然，仅仅收取公司款项并不意味着就是财产混同，但已然是一种风险信号。司法实践认为，对于不是一人有限责任公司的公司，公司股东与公司财务人格混同的举证责任原则上应当由债权人承担，但当债权人能够提供初步证据证明股东滥用公司独立法人地位和股东有限责任的，法院可确定该举证责任由公司股东承担，如股东未对公司款项汇入个人账户作出合理解释，即应当证明公司财产独立于个人财产，否则应对公司债务承担连带责任。

如果旅行社公司在经营过程中确实需要用股东或法定代表人个人账户收取款项，就应该收款账户明确用于公司经营需要，严格与个人生活消费账户区分开，否则不管是否真实挪用了公司的款项，只要不能证实收款股东与公司财产相互独立，就可能构成财产混同，应当对公司欠款承担连带还款责任。

（撰稿人：苗慧敏律师）

四、经营者无可执行财产的，消费者可要求股东加速出资未到期的注册资本

〔案例要旨〕

在认缴注册资本的制度下，股东可以自行决定出资时间、出资方式等，由此很多旅行社的股东认为将认缴期限无限延长，在认缴期限届满前，经营过程中收取的款项归股东，产生的债务由公司承担，债权人无权以公司不能清偿到期债务为由要求股东承担责任。然而，在特定条件成就时，如在公司作为被执行人因无可执行财产而终本后，公司债权人主张股东出资加速到期的，股东不再享有期限利益，即应履行其应尽义务，在未出资范围内对公司不能清偿的债务承担补充赔偿责任。

〔基本案情及处理结果〕

北京仲裁委员会就 A 旅行社公司与 B 旅游公司仲裁案件作出生效裁决书，裁决：B 旅游公司向 A 旅行社公司支付欠款 120 万余元，后 A 旅行社向法院立案执行。在执行过程中，A 旅行社公司以 B 旅游公司注册资本 2500 万元，李某认缴出资额 1900 万元，但未实际履行出资义务为由，向法院申请追加李某为该仲裁执行案件的被执行人。

一审法院认为，《最高人民法院关于适用〈中华人民共和国公司法〉若干问题的规定（三）》第十三条第二款规定，公司债权人请求未履行或者未全面履行出资义务的股东在未出资本息范围内对公司债务不能清偿的部分承担补充赔偿责任的，人民法院应予支持。《最高人民法院关于民事执行中变更、追加当事人若干问题的规定》第十七条规定："作为被执行人的企业法人，财产不足以清偿生效法律文书确定的债务，申请执行人申请变更、追加未缴纳或未足额缴纳出资的股东、出资人或依公司法规定对该出资承担连带责任的发起人为被执行人，在尚未缴纳出资的范围内依法承担责任的，人民法院应予支持。"本案中，A旅行社公司主张依据上述规定，李某的出资义务应当在B旅游公司不能清偿债务时提前加速到期。一审法院认为，上述规定均系针对公司股东应履行出资义务而未履行的情形。在公司注册资本认缴制下，股东依法享有期限利益，在公司未出现解散、破产等法定情形时，股东有权按照公司章程规定的期限缴纳出资，在出资期限届满前尚未足额缴纳出资的，原则上不应认定为股东未履行或未全面履行出资义务。本案中，B旅游公司《章程修正案》载明，李某出资时间为2033年5月1日，其出资义务履行期限至今尚未届满。A旅行社公司未能举证证明李某存在未依法履行出资义务的情形。综上，依据现有证据，不足以认定李某存在未履行或未全面履行出资义务的情形，A旅行社公司主张追加李某为被申请人的诉讼请求，无事实和法律依据，一审法院不予支持。

A旅行社不服一审判决，提起上诉。二审期间，A旅行社提交了执行终本裁定，李某认缴出资额为1900万元，未全部实缴出资额。

二审法院认为：在注册资本认缴制下，股东依法享有期限利益。债权人无权以公司不能清偿到期债务为由，请求未届出资期限的股东在未出资范围内对公司不能清偿的债务承担补充赔偿责任。但是公司作为被执行人的案件，法院穷尽执行措施无财产可供执行，已具备破产原因，不申请破产的，以及在公司债务产生后，公司股东（大）会决议或以其他方式延长股东出资期限的两种情况除外。本案A旅行社公司已经向法院申请了强制执行，但因B旅游公司暂无财产可供执行，法院裁定终结本次执行程序。同时B旅游公司法定代表人下落不明，公司亦无人负责管理。故可以认定B旅游公司明显缺乏清偿能力。对于B旅游公司的股东，虽并未届出资期限，但由于公司作为被执行人的案件，人民法院穷尽执行措施无财产可供执行，已具备破产原因，不申请破产的，均应在未出资范围内对公司不能清偿的债务承担补充赔偿责任。故A旅行社公司请求追加李某为被执行人，于法有据，判决：追加李某为被执行人，李某在未出资范围内对裁决书确定的B旅游公司债务承担补充赔偿责任。

〔评析指引〕

根据相关规定，在注册资本认缴制下，股东依法享有期限利益。债权人以公司不能清偿到期债务为由，请求未届出资期限的股东在未出资范围内对公司不能清偿的债务承担补充赔偿责任的，人民法院不予支持。这也就是债权人非常生气的原因，公司欠巨额债务不偿还，公司股东仍可以潇洒地高消费。同时公司股东也有误区，为了提高公司"信誉"，将公司注册资本认缴好几百万元甚至上千万元，认缴期限为最长期限，就可以零成本运营公司，赚钱归股东，亏钱归公司。实际上股东并不能如此"一本万利"，认缴出资并不等于不用出资，并不能减轻股东责任，在特定条件成就时，股东自定的认缴期限也会加速到期。《全国法院民商事审判工作会议纪要》（法〔2019〕254号）即规定了股东出资义务可加速到期的两种例外情形：一是公司作为被执行人的案件，人民法院穷尽执行措施无财产可供执行，已具备破产原因，但不申请破产的（恰如本案）；二是在公司债务产生后，公司股东（大）会决议或以其他方式延长股东出资期限的。

（撰稿人：苗慧敏律师）

专有服务质量问题篇

第一章　各类旅游经营活动

一、参加团队旅游，需要另付司机、导游服务费吗

〔案例要旨〕

司机、导游（以下简称"司导"）服务是旅行社团队旅游服务的必备要素，司导服务费亦应是旅游团费的组成部分，在旅行社向旅游者收取的团款中列支，并由旅行社以报酬的形式支付予司机、导游。

如需在团费外另行收取司导服务费的，则必须在包价旅游合同中予以区分、明确，并不应存在两种不同的甚至是相互矛盾的约定，否则亦无另行收取的合法依据。

〔基本案情及处理结果〕

旅游者张女士投诉称：其通过网络平台报名参加北京某旅行社组织的北京两日游，来到北京登上旅游大巴后，导游要求每位旅游

者交纳 400 元的司导费用，并称收不齐钱不发车，张女士无奈付款，但是整个行程中导游甚至没有跟团进入景点进行游览讲解，司机也仅是常规的车辆驾驶，这 400 元付的是莫名其妙且毫无获得感，张女士遂要求旅行社退还该司导费用。

旅行社答辩称：张女士在大巴上签订了旅游合同，合同的附件行程单中已经列明有司导服务费（400 元 / 人），且其提供了司机、导游，故不应退还。

调解员在调解过程中确认双方对另行收取了 400 元司导费用的事实没有争议，争议焦点为该项收费有无依据。

经查，双方签订的合同为《团队境内旅游合同》（示范文本），该合同第一条第一款约定，团队境内旅游服务，指旅行社依据《中华人民共和国旅游法》《旅行社条例》等法律法规，组织旅游者在中华人民共和国境内（不含香港、澳门、台湾地区）旅游，代订公共交通客票、提供餐饮、住宿、游览等两项以上服务活动。第二款约定，旅游费用，指旅游者支付给旅行社用于购买本合同约定的旅游服务的费用。旅游费用包括：①交通费；②住宿费；③餐费；④旅行社统一安排的景区景点门票费；⑤行程中安排的其他项目费用；⑥导游服务费；⑦旅行社（含地接社）的其他服务费用。

合同第二十一条旅游费用及支付（以人民币为计算单位）中约定"成人 650 元 / 人，儿童（不满 14 岁）＿＿＿元 / 人；其中，导游服务费＿＿＿元 / 人"。

旅行社提供的行程单下方显示"本行程司导服务费（400 元 / 人）"。该行程单并无张女士签字，张女士表示收到了该行程单，但其不认可该收费项目。旅行社称张女士已经按照收到的行程单支付了400元，证明其当时已经认可该收费。

调解员认为，双方签订的合同第一条即明确约定了旅游费用包括交通费、导游服务费等，第二十一条对于导游服务费未作具体金额的列支说明，结合第一条的约定，不能说明导游服务费是旅游团费的价外款项。旅行社虽在行程单下方载明司导服务费为400元/人，但张女士并未签字，且即便张女士进行了签字，该行程单的该项内容并未对合同中"旅游费用已经包括交通、导游服务费"的约定进行明确的排除，由此同样构成重复收费。

经过调解，旅行社最终退还了张女士400元的"司导费用"。

[评析指引]

根据《中华人民共和国价格法》第十三条："经营者销售、收购商品和提供服务，应当按照政府价格主管部门的规定明码标价，注明商品的品名、产地、规格、等级、计价单位、价格或者服务的项目、收费标准等有关情况。经营者不得在标价之外加价出售商品，不得收取任何未予标明的费用。"《中华人民共和国消费者权益保护法》第八条第一款："消费者享有知悉其购买、使用的商品或者接受的服务的真实情况的权利。"

同时，《中华人民共和国旅游法》第六十条第三款规定："安排导游为旅游者提供服务的，应当在包价旅游合同中载明导游服务费用。"《导游人员管理条例》第十五条规定："导游人员进行导游活动，不得向旅游者兜售物品或者购买旅游者的物品，不得以明示或者暗示的方式向旅游者索要小费。"

综上，依法依规司导费用已包含在旅游团费之内，如无特别约定，不得再行收取。

（撰稿人：张亚东律师）

二、护照被旅行社弄丢了，怎么赔

[案例要旨]

从因果关系的角度看，一个错误行为的确可以导致无限长的链式反应，"判断原因产生的原因或者结果导致的结果将是无穷无尽的"，法律对此设定了必要性的界限，在适当的地方打断这种链接，即赔偿一般以全部赔偿为原则，但同时受可预见性等规则的限制。

[基本案情及处理结果]

旅游者张某投诉称：其与妻子和 A 旅行社于 2020 年 1 月底签订了《团队出境旅游合同》，参加 2020 年 2 月底的出境旅游，为办理签证，张某将两人护照交由 A 旅行社工作人员，后因突发疫情，团队未能出行。

随着疫情形势逐步好转，张某多次联系旅行社退还团费与护照事宜，旅行社虽然给出了延期出行 / 团款退还方案，但对于护照这一理应且能够很快处理的事情反复推脱。经张某报案后，旅行社方称护照找不到了，并称可能系疫情原因在寄送签证代办机构的过程中被快递公司弄丢了，但是旅行社愿意进行民事赔偿，只是赔偿范围限于补办护照所需的实际费用。

张某认为，因护照丢失，除护照补办将会产生费用外，其曾去日本、法国、意大利、瑞士等国家旅游的签证记录与出入（国）境记录丢失且不可恢复，而这些记录是张某夫妻情感经历的见证和宝贵的纪念；更为严重的是，其护照中有着 10 年多次往返美国的签证，而护照丢失后按照美国的政策需要重新到使领馆面试、办理签证，这增加了面签等费用自不言说，更由于新护照无出境记录、张某夫妻年岁已然增高、客观环境发生变化等情况，其再次获得 10 年多次往返美国签证的可能性几乎为零，并由此不能赶赴美国看望子女；故对于这些损失均应由 A 旅行社予以赔偿。按照获取前述多国的出境旅游记录所需的实际出行费用、不能看望子女造成的精神损失等综合计算，A 旅行社应赔偿 5 万元人民币。

A 旅行社辩称：（1）张某所述护照丢失是事实，但不是由于 A 旅行社未尽妥善保管义务所致，而是由快递公司丢失所致。（2）A 旅行社同意支付张某补办护照以及面签美国签证的全部费用，但对于张某主张的其他事项均不应承担。

调解员认为，双方对护照遗失于 A 旅行社代管期间、护照中存有多国出入境记录与美国签证的事实没有争议，争议焦点为 A 旅行社是否应赔偿护照遗失损失，以及如应赔偿则如何确定该项赔偿的范围。

经过分析与释明（见评析指引部分），调解员建议 A 旅行社为张某补办护照及美国签证，或在张某自行办理时承担张某的相关花销、退还张某旅游费用，给予一定的精神抚慰补偿。最终，A 旅行社同意为张某补办护照并负责不超过两次的美国签证面签服务，退还张某该团旅游费用，并另行补偿 4000 元，旅游者张某接受此赔偿方案，就本次投诉达成了和解。

〔评析指引〕

根据《最高人民法院关于审理旅游纠纷案件适用法律若干问题的规定》第二十一条，旅游经营者因过错致其代办的手续、证件存在瑕疵，或者未尽妥善保管义务而遗失、毁损，旅游者请求旅游经营者补办或者协助补办相关手续、证件并承担相应费用的，人民法院应予支持。因上述行为影响旅游行程，旅游者请求旅游经营者退还尚未发生的费用、赔偿损失的，人民法院应予支持。A 旅行社作为代办签证事项的受托方，有责任妥善保管好张某的护照，并应承担未妥善保管以致遗失而产生的损失，对于 A 旅行社辩称的第三方过错，A 旅行社可凭相关证据在承担完对张某的赔偿责任后向第三方追偿。

关于遗失护照所致损失的范围。从法律关系上说，A 旅行社遗失护照违反了代办签证之委托合同义务，同时侵犯了张某的财产权益，出现了违约责任与侵权责任的竞合。按照相关规定，因违约造成对方损失的，损失赔偿额应当相当于因违约所造成的损失，包括合同履行后可以获得的利益，但是不超过违约一方订立合同时预见到或者应当预见到的因违约可能造成的损失；而侵权责任的赔偿范围包括直接损失和间接损失，直接损失是指已得利益之丧失，间接损失是虽受害时尚不存在，但受害人在通常情况下如果不受侵害，必然会得到的利益。

基于调解力求实质化解纠纷的立场，从保护旅游者合法权益、兼顾公平的角度出发，统筹两种责任类型并具体到本案护照遗失问题上来说，损失范围包括固有利益损失与预期利益损失。其中，固有利益损失仅与护照这一证件本身相关，即丢失或补办的财产损失以及原护照的意义性损害：

（1）结合前述二十一条第一款的规定，A 旅行社应负责补办护照及美国签证并承担补办所需的费用。

（2）护照是公民非常重要的证件，其上载有的出入（国）境记录是张某大妻情感经历的见证和宝贵纪念，属于具有人身意义的特定物，按照《中华人民共和国民法典》第一千一百八十三条第二款，因故意或者重大过失侵害自然人具有人身意义的特定物造成严重精神损害的，被侵权人有权请求精神损害赔偿。

而预期利益损失即必须依托原护照的存在才能实现的利益因原护照的遗失未能享有之损失，但是不能超过一般理性人在订约时预见到或者应当预见到的范围（违约）/限于合理程度的可预见范畴（侵权）。

（3）同样结合前述二十一条第二款的规定，护照遗失必然影响本案旅游行程的出行，且该影响不因疫情发生与否而改变，A 旅行社应当退还该团的旅游费用。

（4）而关于张某"再次获得美国签证的可能性几乎为零"，继而"不能前往美国看望子女"的问题，一方面可能性几乎为零并不等于必然为零，签证的获取与否有诸多因素参与，并不一定会因用新护照重新申请而被拒签；另一方面，"不能前往看望子女"属于前述不确定结果的结果，且在本次旅游签证办理时远超签证行业一般理性人的预见范围，更难以量化。

（撰稿人：张亚东律师）

三、邮轮游未停靠港口上岸观光，是否构成旅游目的未能实现

〔案例要旨〕

邮轮旅游是指以河 / 海上船舶为旅游主要项目和交通工具，为旅游者提供河 / 海上游览、住宿、交通、餐饮、娱乐和到岸观光等多种服务的旅游方式，在性质上兼有旅游与旅客运输的双重属性。

〔基本案情及处理结果〕

张某与 A 旅行社签订《团队出境旅游合同》（示范文本），报名参加"皇家加勒比邮轮海洋量子号福冈 5 日"旅游活动，约定 2019 年 9 月 21 日 16：30 天津港口启航；于 2019 年 9 月 22 日海上巡游；于 2019 年 9 月 23 日 10：00 抵达日本九州福冈港口，16：00 离港，

早中晚邮轮餐；2019 年 9 月 24 日海上巡游；2019 年 9 月 25 日 7：30 到达天津港口。费用情况为：高级阳台双人 4600 元 / 人 ×2 人 + 高级阳台单人 5500 元 + 保险 60 元 / 人 ×3 人 + 大巴 200 元 / 人 ×3 人 =15480 元。

线路如约启航后，因热带风暴"塔巴"影响，原定行程发生变更。海洋量子号皇家加勒比国际邮轮于 2019 年 9 月 22 日出具书面说明，载明取消 2021 年 9 月 23 日的日本福冈港口停靠，调整为海上巡游。

张某投诉称：福冈为此次旅游活动的主要目的，因合同目的未能实现，旅行社应退还旅游费用，其主张退还 5000 元。

A 旅行社辩称：其主要合同义务为代售邮轮船票，具体邮轮服务由邮轮公司提供；并且邮轮与其他交通工具不同，邮轮本身就是一体化的移动目的地。因不可抗力原因，原告未能登陆福冈。但登陆福冈当天的行程本身只有半天时间，且上岸后无须门票等任何费用。邮轮游虽会抵达外国港口，但无须办理签证，只需也仅能在岸边限定区域游览。而当天未靠岸，仅港务税每人 21 美元未实际发生，且邮轮方已经购买保险，该 21 美元已通过保险进行了理赔。

文旅局质监中心认为，本案中 A 旅行社以自己的名义与张某等签订了旅游合同，A 旅行社安排的服务项目不仅仅是代售船票 / 代订船上舱位，既包括在邮轮上开展的各种活动，还包括往返邮轮停靠港口以及在岸上开展的旅游活动，且除了履行少数自愿的自费项目外，整个旅游活动的全部费用由旅客一次性支付等，均符合包价旅游合同的一般特征。

涉案合同履行过程中，因遭遇双方认可的不可预见的热带风暴，原定行程发生变更，系不可归责于双方的客观因素，因此减少的旅游费用，旅行社应当予以退还。根据涉案邮轮旅游之特性，福冈岸上观光系整个旅游行程不可分割的部分，但并非达至合同主要目的的地位。关于实际减少的费用，在双方均未充分举证的情况下，本中心结合涉案合同的费用组成、具体线路的宣传与安排，根据公平原则及诚实信用原则，酌定建议旅行社退还张某旅游费用600元。

最后，经释法说理，A旅行社与张某均同意该意见，双方达成调解协议。

〔评析指引〕

一个传统的旅游线路往往会涉及景区、交通、住宿等多个旅游经营者，旅行社作为旅游合同的签订者和线路上各个要素的组织者在其中居于主导和核心地位。然而，在邮轮旅游中，这一情况有些不同：吃、住、行、游、购、娱等旅游要素集中由邮轮一揽子提供，也因此实际产生了两种不同的邮轮旅游运营模式：代理销售模式下邮轮公司自己或通过旅行社等代理机构为其向旅客销售船票，并由邮轮方直接与旅客达成邮轮合同；而另一种在我国占主导地位的模式则是旅行社先行包船或切舱，再以自己的名义与旅客订立旅游合同，由此邮轮公司与旅客之间并无直接的订约行为，仅留有登船凭据，恰如本案。

同时，邮轮旅游的主要目的虽然同样是旅游，但是此种旅游服务的提供必须通过邮轮的位移活动才能全部实现，这就使邮轮同时兼具了旅游与运输的属性。并且，邮轮旅游合同下的运输与传统包价旅游活动中为实现旅游行程而安排的运输具有本质差别：在邮轮旅游下，其他旅游要素的实现均需以邮轮为载体，也即邮轮绝不仅仅是空间位移的交通工具，而同时是集合了多种服务要素的旅游活动本身！

（撰稿人：张亚东律师）

四、景区临时关闭，旅行社应及时采取补救措施

〔案例要旨〕

作为旅游线路组织者的旅行社对景点的经营状态要有高于普通旅游者的注意义务，遇到不可提前预知的景区临时关闭的情况，旅行社要及时采取补救措施，将旅游者的损失降到最低，若景区提前通知关闭信息，而旅行社未及时告知旅游者，需承担违约责任。

〔基本案情及处理结果〕

旅游者张先生一家三口利用暑假的时间，报名参加北京某旅行社的广西桂林五晚六日游，在旅游过程中，遇到象鼻山景区临时关闭，当地导游给安排了晚餐加菜，张先生对于旅行社的处理方式不太满意，回程找到北京组团社，旅行社回复景区临时关闭无法预知，

之后也给旅游者做了弥补，旅游者更多的要求无法满足，张先生对旅行社的回复不满意，于是投诉到文旅局质监中心。

旅行社提供了景区的说明和门口贴出的告示时间，显示关闭发生于该团游览当日。

文旅局质监中心认为，如果景区关闭，从时间的角度考虑，旅行社具备提前预知的时间条件，但未提前更改行程安排，造成旅游者未游览的损失，旅行社确实需要承担相应责任；而此案中，旅行社不具备提前预知景区关闭的时间条件，象鼻山景区临时关闭属于旅行社已尽合理注意义务仍不能避免的事件，旅行社无须承担违约责任，但需要将该事项未产生的费用退还旅游者，而旅行社从旅游者体验角度出发，退还了门票，并给予晚餐加菜作为补偿，旅游者再提出退还的诉求确实无法支持。

经过调解，旅游者张先生不再坚持退还半天旅游团费的诉求，同时也提到旅行社也一直配合旅游者向广西桂林接待社索要相关证明，既然确实是客观存在，旅行社无法预知景区关闭的情况，旅游者也表示理解，旅行社承诺旅游者下次再出行给予团费 9 折的优惠，双方达成和解。

［评析指引］

作为旅游线路的经营者，旅行社对于景点的经营状态确实应有高于普通旅游者的注意义务，但是该义务仍应限定在合理的范围内，毕竟景区并非由旅行社直接经营，由此，当景区于游览当日临时关闭的，旅行社存在难以及时获悉的客观现实因素，此时，景区临时关闭可以认定属于旅行社已尽合理注意义务仍不能避免的事件，也由此，景区游览计划的取消并非旅行社擅自做主所致，不应承担擅自变更行程的违约责任。对此，从相关规定中对变更行程前置的"擅自"一词便可明晰：《中华人民共和国旅游法》第六十九条规定，旅行社应当按照包价旅游合同的约定履行义务，不得擅自变更旅游行程安排。《最高人民法院关于审理旅游纠纷案件适用法律若干问题的规定》第十七条，旅游经营者违反合同约定，有擅自改变旅游行程、遗漏旅游景点、减少旅游服务项目、降低旅游服务标准等行为，旅游者请求旅游经营者赔偿未完成约定旅游服务项目等合理费用的，人民法院应予支持。《旅行社服务质量赔偿标准》第十条，旅行社及导游或领队违反旅行社与旅游者的合同约定，损害旅游者合法权益的，旅行社按下述标准承担赔偿责任：擅自缩短游览时间、遗漏旅游景点、减少旅游服务项目的，旅行社应赔偿未完成约定旅游服务项目等合理费用，并支付同额违约金。遗漏无门票景点的，每一处旅行社向旅游者支付旅游费用总额 5% 的违约金。

总之，旅行社与旅游者签订旅游合同，要严格按照合同约定提供服务，在旅游过程中，如遇到不可预知或不可抗力的因素，应提前告知旅游者，做好应对，及时采取弥补措施，要有预案，如需更改行程安排，双方应签字确认，切不可以任何理由欺骗旅游者。

（撰稿人：张亚东律师）

五、旅行社自行取消自费项目，应承担违约责任

〔案例要旨〕

未经旅游者同意，旅行社单方面擅自取消自费项目，属于旅行社违约，应承担违约责任。

〔基本案情及处理结果〕

旅游者刘女士一家报名参加北京某旅行社组织的北京一地四日游，行程单显示自费项目包含恭王府，旅行社介绍说去完故宫之后，安排自费项目恭王府游玩。但实际从故宫出来，导游以时间不够为理由，取消了恭王府游玩，行程结束后，刘女士找到旅行社反映取消恭王府游玩一事，旅行社答复恭王府属于自费项目，也未收取旅游者费用，不属于旅行社违约，没有赔偿，旅游者刘女士对旅行社的答复不满意，于是投诉到文旅局质监中心。

文旅局质监中心调解员认为，本案双方的分歧在于旅行社取消自费项目，是否属于旅行社违约？

本案中自费项目已经事先列入行程单，属于双方旅游合同的组成部分，只不过是该项目的费用列支方式和支付时间与其他旅游项目不同，因此，除非是旅游者拒绝此项活动，否则，旅行社应当协助旅游者参加既定的自费活动，以实现合同目的。故而，旅行社取

消自费项目的安排和取消团费中包含的项目一样，都属于违约，应该给予旅游者赔偿。

经过调解，旅行社同意按照《旅行社服务质量赔偿标准》第十条中遗漏旅游景点"退一赔一"的规则，赔偿了恭王府门票价格两倍的违约金，双方达成和解。

［评析指引］

首先应当分清以下概念，即团款中已包含的项目、自费项目和自选项目。

团款中包含的旅游项目是指旅游者提前预付团费中包含的项目；自费项目是指旅游者根据需要，自愿支付团款之外的一定费用，统一进行旅行社安排的行程游览。自费项目的产生也需基于双方的确认，即属于旅游合同的组成部分，经签订非经协商不能擅自变更或取消。团款中包含的旅游项目与自费项目的区别，仅在于旅游者的付费时间的不同，自费项目是抵达目的地后再付费给导游、领队或自费项目经营者。而自选项目是指在行程单中约定的具体自由活动期间，旅行社向旅游者推荐的多种需另行付费的游览项目，自选项目的旅游者有更大的项目自主选择权，旅游者根据自身身体状况、风险程度、个人爱好、项目价格、时间长短等因素，自主选择参加一项或多项。较之于自费项目，自选项目通常以推荐的形式体现，旅行社并不进行全团统一安排，往往是通过专门预留自由支配的游览时间而供旅游者自愿选择。

（撰稿人：张亚东律师）

六、行程单未载明《旅行社条例》第二十八条内容，旅行社不仅要赔还要被罚

〔案例要旨〕

旅行社与旅游者之间不仅要签订书面旅游合同，还应载明《旅行社条例》第二十八条所列的各项内容，包括旅行社的名称及其经营范围、签约地点和日期、旅游行程中的出发地、途经地和目的地，以及交通、住宿、餐饮服务安排及标准等十四项具体事项，这既是保护旅游者合法权益的依据，也是保护旅行社合法权益的依据。

〔基本案情及处理结果〕

刘先生投诉：2023 年 6 月 2 日通过抖音报名北京 A 旅行社组织的 2023 年 7 月 1—8 日尼泊尔行程，两家共计 5 个人，团费共计35000 元。客服微信沟通提供了两条线路，一条全程承诺五星级住宿，一条非五星级酒店住宿，价格每人差 1500 元，我们当时选择了五星级酒店。但实际履行过程中提供的酒店都不到四星级，跟我们一起游玩的旅游者价格都比我们便宜很多，我们认为旅行社存在欺诈行为，要求旅行社三倍赔偿，并以行程单未标注住宿标准要求对旅行社进行行政处罚。

旅行社辩称：双方行程中未约定酒店标准，旅游者要求全程安

排五星级酒店没有合同依据。旅行社安排的酒店标准为当地五星级酒店＋当地特色酒店，"当地五星级"相当于携程网上的四钻，并提供了携程网上对应酒店四钻截图。尼泊尔基础设施差，接待标准不能跟发达城市同级酒店相比，旅游者对旅游目的地期待过高导致体验感变差，旅游者反映酒店情况不属实，旅行社按照产品要求预订的酒店，拒绝赔付旅游者的无理要求。

文旅局质监中心调解员经过审查双方提供的证据，查明双方认可的行程单上确实仅约定了"住宿"，没有约定酒店住宿标准，旅游者提供的前期与客服的微信记录显示，旅游者要求安排"五星级酒店"并支付了对应的团款。

调解员经向双方释法及行业操作惯例、当地酒店的客观情况等，建议双方比照携程网上尼泊尔五钻与四钻的差额双倍退还旅游者，因 A 旅行社不认可该方案，调解终止。

后北京市文化市场综合执法总队接到举报，对北京 A 旅行社签订的旅游合同未载明法定事项进行立案调查，并依据《旅行社条例》第二十八条、第五十五条第二项的规定，对该旅行社作出了罚款20000 元的行政处罚。

〔评析指引〕

境外很多旅游目的地国家未制定统一星级标准，旅行社为了吸引旅游者，会比照国内星级标准进行表述，如用"×星级""准×星""国际×星""当地×星"或"钻级"等。不过，实际入住的酒店没有星级认定，此种表述方式涉嫌虚假宣传，此前已有旅行社因该表述被生效判决书认定欺诈承担责任。

个别旅行社为了避免被认定为虚假宣传，合同中就干脆不约定酒店标准，但是实际招徕中又难免作出一些承诺，这种操作方式一方面未载明住宿标准从而有被行政处罚的风险，另一方面其工作人员对一些旅游者的承诺将构成其必须履行的合同标准从而有服务质量不达标的赔偿风险。

对于某些无统一认定标准的境外酒店，为了让旅游者能更详细地了解酒店的住宿标准，建议旅行社可以参照较权威的第三方预订网站上对酒店的评定标准，作为双方行程的住宿标准，但必须向旅游者进行明确的告知和详细的说明，标明此酒店标准的评定依据，避免旅游者产生误解，影响其知情权与选择权。

（撰稿人：苗慧敏律师）

七、返还"人头费"合作模式不受法律保护

〔案例要旨〕

法律禁止各种形式的"不合理低价游"，旅行社之间不支付接待和服务费用或者支付的费用低于接待和服务成本的合作模式下，如一方拖欠另一方"人头费"，无法通过法律途径主张支付拖欠的费用。

[基本案情及处理结果]

湖南 A 旅行社于 2021 年 3 月 1 日与北京 B 旅行社签订《合作协议》。《合作协议》约定，湖南 A 旅行社依据北京 B 旅行社提供的旅游产品、服务标准价格、数量等信息，自行拟订推广方案和价格，以招揽客户。湖南 A 旅行社按批次将客户名单、人数、旅游者详细信息、意向旅游线路或服务产品、往返时间、行程等情况通知北京 B 旅行社后，双方签署确认单，并依确认单进行结算。双方约定北京 B 旅行社按周结清当周款项。自 2021 年 3 月 1 日以来，湖南 A 旅行社为北京 B 旅行社招揽旅游者 400 余名，但北京 B 旅行社仍拖欠部分合同价款。

北京 B 旅行社自认：湖南 A 旅行社以低于成本价对外招徕旅游者后交由北京 B 旅行社提供接待服务，北京 B 旅行社不仅不收取湖南 A 旅行社的接待费用，还向湖南 A 旅行社支付返佣（行业俗称的"返人头费"），依据双方确认单上明确载明地接费用 60 元，返 2600 元；地接费用 40 元，返 2100 元；地接费用 0 元，返款 1200 元等，案涉地接费用均远低于行业平均成本价，北京 B 旅行社接待后以安排购物店、自费项目索要回扣为赚取"利润"，该协议为法律强制禁止，双方合作约定为无效合同，北京 B 旅行社已向湖南 A 旅行社支付了部分款项，该款项应予以退还。双方的合作已扰乱了北京、湖南旅游市场，违反《中华人民共和国旅游法》《旅行社条例》《中华人民共和国反不正当竞争法》等规定，与法律禁止行为相冲突，如法院依法支持该款项等于变相承认"不合理低价游"是合法有效的，且会助长该违法行为继续扰乱旅游市场。

法院经过审理向双方释明法律规定及后果，原告撤回起诉。

〔评析指引〕

依据原国家旅游局《关于打击组织"不合理低价游"的意见》，所谓"不合理低价"，是指背离价值规律，低于经营成本，以不实价格招揽旅游者，以不实宣传诱导消费，以不正当竞争扰乱市场。《关于打击组织"不合理低价游"的意见》明确，有以下行为之一，可被认定为"不合理低价"：一是旅行社的旅游产品价格低于当地旅游部门或旅游行业协会公布的诚信旅游指导价30%以上的；二是组团社将业务委托给地接社履行，不向地接社支付费用或者支付的费用低于接待和服务成本的；三是地接社接待不支付接待和服务费用或者支付的费用低于接待和服务成本的旅游团队的；四是旅行社安排导游领队为团队旅游提供服务，要求导游领队垫付或者向导游领队收取费用的；五是法律法规规定的旅行社损害旅游者合法权益的其他"不合理低价"行为。

因旅游接待价格已市场化，没有统一的价格体系，各地旅游部门或旅游行业协会未公布诚信旅游指导价，所以关于"不合理的低价"很难界定，旅行社也总能以各种理由低价吸引旅游者报名参团，在接待过程中又以各种理由增加自费项目、购物收取回扣，严重侵害旅游者权益，扰乱旅游市场秩序。但是无论采用何种方式，其非法目的都不会受到法律的保护。在审判实践中，法官会在查明案件事实的基础上，结合当事人庭审的陈述，透过其合法的表现方式，查明其隐匿行为或者伪装行为，查明双方当事人在订立合同时最真实的意思表示，判定双方的法律关系。涉案 A、B 旅行社的合作模式在近年来较为典型，A 旅行社通过抖音、百度等第三方平台对外推广"零负团费"旅游产品，以"低价团"为诱饵，吸引旅游者参团旅游，A 旅行社为了避免被举报、投诉等风险及纠纷，安排旅游者到达目的地后直接与 B 旅行社签订旅游合同并交纳费用，由 B 旅行社收取旅游者团费后转给 A 旅行社，B 旅行社几乎为零元或"倒贴"地接社费用提供接待服务，这实质是"零负团费"接待方式，该行为严重违反了法律禁止规定，严重扰乱了旅游市场秩序，双方之间的合作协议为无效协议，约定的收入为违法所得不受法律保护，同时涉嫌违法犯罪行为，可能将承担严重的不利法律后果。

（撰稿人：苗慧敏律师）

八、导游有权要求旅行社退还"人头费"及其他垫付的费用

[案例要旨]

旅行社低价吸引旅游者，再将旅游者卖给导游收取"人头费"，导游需要在旅游过程中通过旅游者购物、参加另付费项目拿取回扣赚回"人头费"，违反了法律法规的有关规定，同时也将被法院认定无效，已收取的"人头费"应退还导游。

〔基本案情及处理结果〕

马某提起诉讼：其系北京 L 国际旅行社的导游，被安排作为"德法瑞意 4 国 + 东欧双城 13 天"旅游线路领队。行前，马某按照 L 国际旅行社的要求签订了《带团须知》，约定：购物标准：行程中涉及的购物店均要进店，人均购物额为 1000 欧元 / 人，如果当团购物额不够，可在两个月内，平摊至后面紧邻的两个团，如果仍未平摊，将按照实际购物额的差距的 10% 补给公司。自费返还：根据项目分别返还 5~10 欧元 / 人。回团报账：为及时准确进行团款结算和更快地给领队报账，领队回团后 72 小时内，到北京公司当场回团交接，交接时需填写报账单，交回所有旅游者签字的安全告知书、自费单、意见表、购物单据、需报销票证原件等。公司为领队提供劳动报酬，标准为每天 100 元人民币。领队交回所有在本团上获得的购物佣金、自费、小费以及其他收益等（如公司发现未如实申报本团收益，视为弄虚作假，处罚 500 欧元起）。带团前 L 国际旅行社向马某收取"境外收益"5040 欧元，作为该团领队要交纳的"人头费"，现诉求 L 国际旅行社予以返还。

L 公司辩称：L 国际旅行社认可马某支付了该笔款项，上述款项是基于双方约定收取的，有合同依据，故不应退还。

法院认为：依据《中华人民共和国旅游法》第三十八条第三款规定，旅行社安排导游为团队旅游提供服务的，不得要求导游垫付或者向导游收取任何费用。旅行社不得向导游收取或变相收取各类人头费、境外收益、保证金、服务费、管理费等不合理费用，此系旅行社的法定禁止性义务。L 国际旅行社收取马某"境外收益"或人头费违反了法律规定，系不合理收费，该笔费用应当退还。

马某同时向主管机关举报 L 国际旅行社，主管机关经查作出《行政处罚决定书》，认为 L 国际旅行社要求导游垫付费用的行为，违反了《中华人民共和国旅游法》第九十六条第四项的规定，决定对负责人作出 3000 元罚款的行政处罚。

[评析指引]

本案领队与旅行社之间的约定已是旅游业常态，旅行社为了抢夺旅游者开始打价格战，市场上出现了"免费出游""免费出游送油"等旅游产品，之后又将"低价游"的风险转嫁给领队／导游，由领队／导游向旅行社支付"人头费"、保证购物、自费项目返佣最低金额。领队／导游本来是接受旅行社委派为旅游者提供服务收取服务费用的，但现实中不仅不收取服务费还要向旅行社支付"人头费"，帮旅行社赚取购物及自费返佣，再靠购物及自费返佣赚取自己的服务费，势必造成导游将各种风险转嫁至旅游者身上，导致"强迫购物、买团宰客"的现象时有发生，最终损害的是旅游者的利益和正常的旅游市场秩序。

对于旅行社与领队／导游约定的"收取或变相收取各类人头费、境外收益、保证金、服务费、管理费等不合理费用"，由于违反旅游法均为无效约定，应予以返还。如旅游者或导游向主管机关举报，还涉及行政处罚，最终该风险及损失均由组团社承担。在此提醒旅行社应正规经营赚取利润，否则收取的违法所得不仅要被退还，还要面临行政处罚，得不偿失。

（撰稿人：苗慧敏律师）

九、旅行社表述不清，导致旅游费用增加部分由旅行社承担

〔案例要旨〕

旅游分淡旺季，旅游项目的价格也受淡旺季波动较大，特别是机票、酒店的价格，旅行社在向旅游者表述时间、价格及支付款项的时间时应明确，否则引起歧义导致涨价的部分应由旅行社承担。

〔基本案情及处理结果〕

王先生投诉：他通过抖音平台关于西藏旅游的直播加了北京A旅行社的销售人员微信，2023年9月13日周三A旅行社的销售人员通过微信与王某沟通线路安排及出行日期后，双方通过微信确认2023年9月30日至10月6日前往西藏旅游，团费3500元/人，共计4个人。销售人员称"15号之后所有团都会涨"，每人需预交定金500元，并向王某提供了收款账号，王某未立刻支付定金，销售人员也未再与旅游者沟通。随后王某自行按照预订的行程购买机票，2023年9月15日中午王某未通知旅行社就预付了定金共计

2000 元，并告知销售人员，下午销售人员回复称"上午领导开会确定了，因酒店价格涨了，现所有产品都涨价了，该产品需要每人增加 1000 元，接受不了的话可以申请全额退款，以前的价格无法接待了"。王某认为旅行社告知他 15 号之后涨价而不是 15 日涨价，旅游者按照其限制的时间内支付定金，旅行社应按照约定提供接待服务，并就该旅行社"坐地涨价"的行为请行政执法部门核实，对于"坐地起价"行为要求行政处罚。

旅行社答辩：双方周三微信沟通了出行价格、出行日期，我们也明确告知 15 日之后再预约就要涨价了，尽快确定人数、出行时间，好锁定团位、锁定优惠，但周三旅游者未支付定金，周五（15 日）未通知我们单方支付款项，强迫我们收款，我们的成本都涨了，在客户没有出游没有签合同时我们就第一时间告诉了他，能接受就继续交单锁定位置按现在的价格，不接受的话旅行社退还款项，我们不同意继续履行。

文旅局质监中心调解员认为：虽然双方未签订书面旅游合同，但通过微信确认双方就出行日期、出行人数、价格已协商，旅行社明确告知"15 日之后再预约就要涨价了"，涨价时间不应该包括 15 日当日。通过微信聊天记录证明，证明旅游者询价视为要约邀请，旅行社报价为邀约，旅行社给予承诺截止时间为 15 日，旅游者只要在限期内承诺合同就成立并生效，本案中旅游者在限期内支付定金视为作出承诺，双方合同成立并生效，旅行社应按照合同约定提供服务。但毕竟在"十一"黄金周酒店价格大幅度涨价，旅行社也提供了酒店涨价的凭证，双方在调解员的主持下达成和解，旅游者同意每人再补 300 元。

[评析指引]

依据《中华人民共和国民法典》第四百七十二条："要约是希望与他人订立合同的意思表示，该意思表示应当符合下列条件：（一）内容具体确定；（二）表明经受要约人承诺，要约人即受该意思表示约束。"旅行社依据旅游者的需求发出行程单、报价或直播间链接希望旅游者报名属于邀约。第四百七十三条："要约邀请是希望他人向自己发出要约的表示。"旅游者向旅行社咨询报价、人数、价格或旅行社发出旅游产品广告属于邀约邀请。发出邀约的人可以设置邀约失效时间，只要在失效时间之前作出承诺均属于合同成立。本案旅行社与旅游者微信确认内容属于旅行社赴失效期限的邀约，只要旅游者在期限内承诺合同即生效，所以王先生在 15 日中午支付款项后双方旅游合同成立并生效，对双方均具有约束力，旅行社拒绝提供服务属于违约，应承担违约责任。

在此建议旅行社，特别是在旅游旺季时向旅游者报价时应明确价格保护期限，明确旅游者定金、全款的支付时间，明确不支付的后果，掌握表述的正确方式，切实履行价格承诺，否则一旦产生本案的情况由旅行社承担不利后果，还可能违反《明码标价和禁止价格欺诈规定》第十九条第五项规定"无正当理由拒绝履行或者不完全履行价格承诺"，从而被市场监管部门行政处罚。

（撰稿人：苗慧敏律师）

十、旅游者自办护照难以出境的，损失谁承担

〔案例要旨〕

根据国际惯例，很多国家要求旅游者的护照入境时有效期必须在 6 个月以上或离境时不得低于 6 个月，如不符合要求边检人员可以拒绝入出境或使馆不受理签证。即便我国边检人员允许当事人出境，但也有可能被目的国家边检人员拒绝入境，旅行社作为专业人士应在旅游者报名时明确提醒旅游者并认真检查旅游者护照，否则由此导致损失旅行社也应承担赔偿责任。

〔基本案情及处理结果〕

2019 年春节黄金周，李女士报名参加北京某旅行社组织的美国双飞五日游，由于李女士持有因私护照且出过国，在旅行社报名时她将此情况告诉了旅行社，旅行社用此护照为李女士办理了签证。李女士随团到达机场接受边检检查时，边检人员发现李女士所持中国因私普通护照，有效期截至 2019 年 3 月 15 日，离护照过期不足 6 个月，因此不让李女士登机出境。李女士随后找到旅行社要求退还全部团费共计 25830 元，李女士起诉旅行社，认为普通消费者不了解护照期限的要求，认为只要在有效期内即可，更不知道边防检查有此规定，旅行社未尽到告知及审慎审查义务，导致旅游者无法出

行的过错在旅行社，旅行社应该对此负全部责任。

旅行社辩称：按照国际惯例，欧美一些国家要求入境或离境时持护照剩余的有效期在半年以上。也就是说，不少国家和地区制定了出入境政策及规定，规定其他国家人员进入自己国家时的护照有效期在 6 个月以上，如果在入境或离境时，护照有效期不足 6 个月可能被拒绝入境。但各个国家或地区也不一样，有的要求 30 日以上、有的要求 60 日以上，因此边检人员在进行边检时，都会给旅游者善意的提醒，安检人员不会阻拦，中国的法律对护照的规定只要是合法有效的护照就可以出境的，且也不是绝对不能入境。李女士因护照有效期临近放弃出行，且护照办理不包括在旅行社服务范围，故应由李女士自行承担责任。

法院判决：经审理认为旅行社有协助李女士确认护照效力的义务，且也未告知李女士目的地国家出入境对护照有效期的要求，导致李女士未能出境，应承担主要责任；李女士过于自信持护照能够出国，亦应承担部分责任，因此判决旅行社赔偿实际已发生费用（包括机票损失）的 60%，李女士承担 40%，其他未消费的费用旅行社应予返还。

[评析指引]

虽然按照法律规定因旅游者自身原因或因提供材料中存在问题不能及时办理签证而影响行程的，以此被相关机关拒发签证或不准入境、出境的，相关责任和费用由旅游者自行承担，比如由于护照的真实性、合法性的问题，对于自办护照者当然是自行承担责任；

但因目的地国家对护照的特殊要求，作为普通消费者并不知情，旅行社作为专业机构根据《中华人民共和国旅游法》第六十二条："订立包价旅游合同时，旅行社应当向旅游者告知下列事项：旅游者应当注意的旅游目的地相关法律、法规和风俗习惯、宗教禁忌……"，就目的地国家特殊要求应向旅游者尽到告知义务及审查义务，否则导致护照不满足要求旅游者无法出行的，旅行社应承担相应责任。

风险提示：根据国际惯例，欧美一些国家或地区对入境旅游者护照有效期作出了规定，如马来西亚、巴巴多斯等国家或地区为了防止旅客滞留，要求旅客护照入境时有效期必须在 6 个月或 1 个月以上，而不满足护照有效期规定的旅游者将被拒绝入境或使馆不受理签证。但是由于中国未禁止出境，只是在出境时边检人员善意提醒而不会阻止出境，但出境后能否入境是不确定的状况。故旅行社在收客时，应该对每　位旅游者尽到提示义务并对提供的护照进行核对，并对旅游者能够有效出行尽注意义务，否则就旅游者无法成行造成的损失由旅行社承担相应责任。

（撰稿人：苗慧敏律师）

十一、自由活动期间的推荐行程非旅行社的法定义务

〔案例要旨〕

旅游行程单中安排的自由活动期间，旅行社不负有必须提供服务的义务，旅行社的推荐行程不视为其必须提供的服务项目。

〔基本案情及处理结果〕

旅游者张某 2023 年 4 月 12 日报名参加北京某国际旅行社，参加 2023 年 5 月 1 日至 6 日的新马泰旅游，按照行程约定第五天为自由活动期间，自由活动期间旅游者可以自行安排活动内容，旅行社推荐了经典自费活动项目，届时旅游者可以自行选择是否参加，张某就旅行社在自由活动期间推荐的项目比较满意，就打算在第五天选择旅行社推荐的自费项目游玩。实际旅行过程中因接待原因导致部分旅游者对第四天的服务质量不满，当天部分旅游者就投诉，故而未有人员负责安排第五天的行程。张某不想参与该纠纷，晚上 8 点左右就自行通过国内平台预订了第五天当地一日游项目，花费共计 2000 马币。大概晚上 11 点纠纷解决完毕，地接社通知旅游者可以找其订购第五天的自费项目，并承诺赠送给报名人员一个价值 550 马币的项目，张某就决定参加地接社安排的自费项目，取消了平台当地一日游项目，但平台依据预订规则一经预订成功不退还。张某

回国后，认为旅行社未按照约定及时安排自费项目，导致其在平台上预订了当地一日游，之后旅行社又安排了自费项目且还含免费项目，所以其才取消平台预订但因此产生了损失，故投诉北京某旅行社要求承担该平台取消损失2000马币及其他损失。

旅行社答辩：按照行程约定第五天是自由活动期间，行程单告知旅游者在自由活动期间旅游者可以选择地接社推荐的自费项目，也可以自行安排。如果旅游者选择地接社安排的自费项目双方另行达成协议并支付费用，但在达成协议之前对双方均不具有约束力，关于降低服务质量退赔问题我社已经赠送了自费项目，双方达成和解有张某签字确认。张某就自费项目未与地接社协商自行决定向第三方平台预订当地旅游项目，旅行社不干涉。但之后其自行又取消预订产生损失的纠纷应由旅游者与平台协商，与旅行社无关，故旅行社拒绝承担该费用。

文旅局质监中心处理意见：经过核实，行程约定自由活动期间旅游者可以自行选择活动，张某自行在平台上预订旅游项目后又自行取消，就取消损失纠纷应由张某与平台协商解决，与旅行社无关。向张某解释清楚后，张某表示理解并同意结案，之后向平台主张权利。

[评析指引]

本案是涉及在旅游过程中自费项目安排的纠纷，之前大部分投诉纠纷都是旅行社诱导、强迫或变相强迫旅游者安排自费项目。本案相反，是旅游者投诉旅行社未安排自费项目导致的投诉。依据

《中华人民共和国旅游法》第三十五条的规定，行程中，旅行社组织、接待旅游者，不得指定具体购物场所，不得安排另行付费旅游项目。但是，经双方协商一致或者旅游者要求，且不影响其他旅游者行程安排的除外。也就是在行程中，旅行社安排另行付费旅游项目（自费项目）需要经过双方协商一致或者旅游者要求的，同理旅游者要求旅行社安排另行付费旅游项目（自费项目）也需要经过协商一致才可以，任何一方均有权拒绝另一方安排行程之外的项目。本案中张某有权在第五天自由活动期间自行安排行程内容，旅行社不得干涉，旅行社再就第五天另行付费旅游项目（自费项目）安排后张某也有权选择或放弃该项目，如果放弃该项目就第四天旅行社降低服务质量退赔事宜可以另行主张，但不得就其自行与第三方签订合同及产生的损失要求旅行社承担。

（撰稿人：苗慧敏律师）

十二、"旅游规划师"作出的承诺，旅行社是否应对其承诺负责

[案例要旨]

现在旅行社为了减轻企业的经营成本及降低风险，将部分业务人员转为"旅游规划师"，原旅行社门市部负责人为了减轻经营成本

注销门市部转为"旅游规划师",双方均不受对方约束,招徕旅游者交由旅行社提供接待服务,享受佣金或差价,看似完美的合作方式,实则风险不可控。

[基本案情及处理结果]

张某在跳广场舞时认识了李某,李某微信朋友圈宣传新疆10日游,价格比较便宜,线路比较丰富,张某一家人通过李某报名参加北京某旅行社组织的新疆10日旅游,出行日期5月1—10日,一共花费7999元,张某按照李某的要求将团款全额转账至李某微信,李某委托A旅行社提供接待服务。但A旅行社实际接待过程中与李某承诺多处不符,承诺的四星级酒店但实际安排了连锁酒店,遗漏景点、增加购物等,张某投诉至A旅行社要求承担赔偿责任,要求A旅行社返还该团团款并承担违约责任。

旅行社辩称,李某是"旅游规划师"而非其员工,其与旅行社之间为同业合作关系,如果其有招徕的旅游者就委托A旅行社接待,也有可能委托其他旅行社提供接待服务,并提供了与李某的微信确认记录,A旅行社按照与李某的确认记录提供接待服务,A旅行社与张某未签订旅游合同,张某也未将团款支付至旅行社,双方之间不存在合同关系,A旅行社按照与李某的约定提供服务,张某应向李某主张违约责任,故不同意退回团款并承担违约责任。

旅游者不认可旅行社的主张随后向文旅主管机关举报旅行社违法要求行政处罚,主管机关经查明认为李某不是旅游经营主体,其受旅行社委托对外宣传、招徕,其行为应由旅行社承担。旅行社存在未签订书面合同、擅自变更行程、增加购物等违法行为，对旅行社作出行政处罚，罚款 5 万元。

随后张某投诉至文旅局质监中心，文旅局质监中心调解员调解意见：本案张某虽然与 A 旅行社之间未签订书面旅游合同、款项也未交纳给旅行社，但李某作为 A 旅行社的"旅游规划师"，对外就是旅行社的代理人，李某的行为就是代表旅行社的行为，张某按照其要求将款项支付至其个人视为已支付给旅行社，故该旅行社应对张某承担违约责任，之后再向李某予以追偿。

经调解，双方达成和解，旅行社按照团款的 20% 向张某支付赔偿款。

[评析指引]

一些"社群"群主、"直播"主播成为"旅游顾问""旅游规划师"，他们认识一些旅行社的人，就转发旅行社发布的广告，为旅行社招徕旅游者，旅行社支付返佣或提供免费旅游。此情况下，旅行社无须承担固定的人员成本，这些人员不是专业的旅游销售人员，对旅游产品并不了解。这些人员为了招徕旅游者什么都承诺，招徕旅游者后转交给旅行社时，只要旅行社能低价提供接待也是什么都答应，都以与"旅游顾问""旅游规划师"约定为准，导致旅行社与旅游者信息不对称，实际旅行过程中接受的服务与约定严重不符，不仅侵害了旅游者的合法权益，也损害了旅行社的利益。

在此提醒广大旅游者，特别是中老年旅游者是被骗多发人群，选择旅游企业和旅游产品后，应与旅行社员工洽谈并签订书面旅游合同及查看行程单后，再以对公形式向旅行社支付款项，不要相信对私支付款项会给予优惠等，减少中间环节会增加相关法律风险。

上述案例在旅行社行业内已屡见不鲜，如果金额较小，"旅游规划师""旅游顾问"就违约责任与旅行社分担，旅行社认为风险可控，"旅游规划师""旅游顾问"赚取差价，旅行社赚取接待费，三方相安无事，但如出现重大事故后，这些人员将失踪，所有风险均由旅行社承担。提醒各大旅游企业，在经营旅游业务时，如果与"旅游规划师""旅游顾问"合作应严格对其进行培训、要求，其招徕的旅游者交旅行社提供接待服务时应依法与旅游者签订书面旅游合同及明确告知行程安排内容，减少信息差造成的误解，不给"中间代理人""员工"等留有空子可钻，规范经营，从而保护旅游企业及旅游者的合法权益，否则由此产生的违约责任均由旅行社承担。

（撰稿人：苗慧敏律师）

十三、保险理赔与追偿顺序不一样，旅行社最终承担的责任不一样

［案例要旨］

按照法律规定，旅行社必须购买责任保险，保额最低限额 20 万元，旅行社在接待旅游者过程中旅游者发生人身伤亡事故，旅行社

依法承担理赔责任后，有权向保险公司理赔也有权向地接社或履行辅助人追偿，先后顺序不一样，最终承担的责任不一样。

[基本案情及处理结果]

A 旅行社与 B 旅行社签订了《合作协议》，约定 A 旅行社作为零售商招徕南非旅游的旅游者交由 B 旅行社提供接待服务。此次 A 旅行社招徕了 8 名旅游者交由 B 旅行社提供接待服务。该旅行团在实际旅游过程中不幸发生交通事故，旅行团乘坐的地接社租用的旅游车辆被南非的车辆肇事碰撞，致使旅游者不同程度受伤，旅游者分别以旅游合同纠纷起诉 A 旅行社。法院认为根据《中华人民共和国民法典》及其合同相对性原则，判决 A 旅行社先行对于旅游者承担合同违约责任。A 旅行社依据该判决支付赔偿款后，向 A 旅行社的责任险保险公司申请理赔，每人最高理赔 80 万元，因有部分旅游者伤情较重、死亡的赔偿金额远超过保险最高理赔金额，责任保险公司已经在保险范围内支付了保险理赔金，现就超过保险理赔部分应由 B 旅行社承担赔偿责任。

B 旅行社辩称：认可境外发生该事故，本案两个旅行社、车辆公司均无过错，是因第三方原因造成的，属于意外事件，且双方为合作关系，依据利益共享、风险共担原则，A 旅行社已经向保险公司理赔的部分无权再向 B 旅行社追偿，剩余部分应由双方共担。

法院判决：双方签订的《合作协议》合法有效，受法律保护，双方须严格遵守合同义务。双方均认可涉案旅游事故的原因为旅行团乘坐的 B 旅行社所租用旅游车辆被南非第三方车辆肇事碰撞，并认可在此次交通中，旅游者、B 旅行社均无过失责任。双方应依据《合作协议》的相关约定共同分担涉案旅游事故所产生的损失。本院综合本案具体情况，确认 A 旅行社就涉案事故所造成的损失承担 25% 的次要责任，B 旅行社就涉案事故所造成的损失承担 75% 的主要责任。A 旅行社除去保险理赔所弥补款项后，仍向各事故索赔方共进行实际且有效的赔付。这些赔付支出已实际发生，且为 A 旅行社无法避免，应视为本次事故造成的损失，本应由双方共同承担。A 旅行社应自行承担 476904.43 元。

A 旅行社的责任险保险公司也依据上述判决比例向 B 旅行社的责任险保险公司代为求偿了，法院判决按照 B 旅行社责任险保险公司按照 A 旅行社责任险保险公司理赔部分的 75% 支付。

因 A 旅行社就法院判决自己承担部分再向保险公司理赔时，保险公司已按照最高额理赔了，故不同意再行承担理赔责任。判决书判决 A 旅行社自行承担的部分只能 A 旅行社自行承担。

[评析指引]

旅游有吃、住、行、游、娱、购六大要素，并且又分组团社与地接社、批发商与零售商，每个环节都由不同的经营主体提供服务。旅行社接待旅游者过程中旅游者发生人身伤亡事故事件时有发生，旅游者或旅游者家属一般都是要求签约的旅行社主体承担赔偿责任，签约旅行社主体承担责任后到底向实际提供服务方追偿还是向责任险保险公司理赔，就比较关键了。就像上述案件中 A 旅行社购买了 80 万元／人保险额，法院判决其承担 25% 的责任，如果在旅游者起诉 A 旅行社时，A 旅行社要求追加 B 旅行社作为被告参加诉讼，或者判决后先不理赔直接追偿 B 旅行社，双方分责后再向保险公司理赔，就不会出现上述法院判决应承担的 476904.43 元部分需要自行承担的情况。如果旅行社出现事故后直接向责任方追偿，判决后责任方没有执行能力，保险公司认为已经判决第三方向旅行社承担责任了，故不同意理赔，旅行社的损失无法真正获得赔偿。所以在此提醒广大旅行社，出现重大人身伤亡事故赔偿案件时，是直接向责任保险理赔还是向合作方追偿后再理赔，需要综合考虑发生事故后旅行社应承担的责任比例及金额，决定是先向保险公司理赔还是向责任方追偿。

（撰稿人：苗慧敏律师）

十四、"零负团费"合作协议为无效，双方依据各自过错承担责任

〔案例要旨〕

"零负团费"的旅游产品侵害了旅游者的合法权利，扰乱旅游市场秩序，损害社会公共利益，被法律所禁止。"零负团费"的合作协议会被人民法院依法认定无效，双方当事人根据各自的过错承担损失，同时还将受到行政处罚。

〔基本案情及处理结果〕

2018 年 7 月，香港某国际旅游集团公司与 L 集团公司签订《明星演唱会＋港澳游合作协议书》，约定旅游集团公司为 L 集团公司招徕的客户免费提供在香港红馆举行的香港明星演唱会＋高端港澳 5 天 4 夜高端品质游，所有费用由旅游集团公司承担，并提供了行程安排，L 集团公司负责邀约参加人员，在具体行程安排中明确指定了具体购物场所和时间，按照约定的比例旅游集团公司根据参加人员在香港购物、自费金额向 L 集团公司支付额外奖励。后因 L 集团公司未能按照约定时间确定参加人员名单，最终导致未能成行。旅游集团公司提起诉讼，要求 L 集团公司支付其因本次合作已经预订的场馆、邀请明星等垫付的费用人民币 96.2 万元及利息。

L 集团公司答辩：双方合作严重违反法律规定，本次出游活动 L 集团公司无须向旅游者收取任何费用，且不仅不向旅游集团公司收取费用反而由旅游集团公司按照旅游者购物、自费项目向 L 集团公司支付奖励，明显违反《中华人民共和国旅游法》及相关法律规定，该合同为无效合同，故旅游集团公司的诉讼请求不应被支持。

法院裁判：一审认为，涉案合作协议违反了我国《中华人民共和国旅游法》的相关禁止性规定，且存在损害社会公共利益的情形，应为无效；现有证据不足以证实旅游集团公司已向相关明星和场馆方支付款项，故判决驳回旅游集团公司的全部诉讼请求。二审认为，涉案合作协议约定的内容实际是旅游行业中所禁止的"零负团费"情形，违反了我国《中华人民共和国旅游法》的禁止性规定，损害了旅游消费者的公平交易权和对旅游产品的选择权，破坏了旅游市场秩序，损害了社会公共利益，应属无效合同。双方当事人明知协议约定的事项违反我国法律的禁止性规定，仍然签订协议并实施相关行为，双方对于涉案协议无效均有过错。据此，根据旅游集团公司提供的证据，并结合娱乐行业惯常做法，认定已实际支付的费用，由双方各自承担 50% 的损失责任。

〔评析指引〕

《中华人民共和国旅游法》第三十五条规定，旅行社不得以不合理的低价组织旅游活动，诱骗旅游者，并通过安排购物或者另行付费旅游项目获取回扣等不正当利益。本案所涉合作协议约定以不合理低价组织旅游活动，并通过安排购物获取回扣，法律明确禁止旅行社诱导、欺骗旅游者消费，并通过安排购物或者另行付费旅游项目获取回扣等不正当利益的经营模式及其具体行为作了禁止性规定。上述案件所涉协议约定内容应被认定为"零负团费"。"零负团费"一直是旅游行业的顽疾，不仅损害了旅游消费者的公平交易权和对旅游产品的选择权，还破坏了旅游市场秩序，损害了社会公共利益，除了合同无效损失自担外，还将依据《旅行社条例》第六十二条违反本条例的规定，有下列情形之一的，由旅游行政管理部门责令改正，停业整顿 1 个月至 3 个月；情节严重的，吊销旅行社业务经营许可证：旅行社不向接受委托的旅行社支付接待和服务费用的；旅行社向接受委托的旅行社支付的费用低于接待和服务成本的；接受委托的旅行社接待不支付或者不足额支付接待和服务费用的旅游团队的。

依据海南物价局关于旅游市场"零负团费"认定通知的内容，"零负团费"的情形包括：

（1）旅行社组接旅游团队不按规定与组团社或旅游者签订合法规范的旅游合同，不执行旅游统一行程表制度的。

（2）旅行社组接旅游团队不按规定一次性收费，未收任何费用或只部分象征性收取未达到行业平均成本价格的，旅游行程开始后再次向旅游者收取合同以外费用的。

（3）旅行社在旅游合同和统一行程表之外安排旅游行程，增加自理、自费项目并收费的。

（4）旅行社与导游之间以买卖旅游团的方式经营旅行社业务的。

（5）旅行社向导游收取"人头费""带团费"和向组团社返还"人头费"的。

（6）旅行社以其他理由迫使相关旅游经营企业给予其低于政府规定的价格优惠的。

（7）不按规定业务规程提供质量合格的服务，降低服务质量，变相降低服务成本，欺诈宰客的。

（8）其他低于行业平均成本价恶性竞争行为。

（撰稿人：苗慧敏律师）

十五、旅游平台经营者是否对旅游合同的履行承担责任

[案例要旨]

旅游平台公司作为旅游者与旅行社的交易平台，仅提供旅游平台及技术服务，不参与旅游者与旅行社之间的旅游合同交易。按照法律规定，旅游平台公司上明确披露了旅游产品的提供商，收取的是技术服务费，不应对旅游合同发生的纠纷承担责任。

[基本案情及处理结果]

王某诉求：王某在旅游平台网站购买法国旅游签证一份，订单金额499元。根据该产品规则，订单有效期为3个月，买家在有效期内未办理，视为自动放弃，予以退款处理。因疫情影响，法国大使馆暂停办理旅游签证，本人放弃办理该签证，并多次要求退款。但是大半年过去了，仍然没有收到退款。故要求旅游平台网站退还499元。

旅游平台公司辩称：不同意王某的诉讼请求，理由如下，旅游平台公司属于平台经营者，不是适格被告主体，本案实际服务提供方应该是南京某旅行社有限公司。从平台公司与该旅行社签订的协议可以看出，产品需要由南京某旅行社处理和承担，旅游平台公司作为经营者对资质已经尽到了审核义务。本案南京某旅行社是具备

资质的，旅游平台公司尽到了平台主体的审核义务，对于和本案类似相关案例在之前审判过程中有判例，可以看出旅游平台公司仅提供平台服务的实际情况是得到普遍认可的。并提交了平台交易快照，显示王某购买涉案旅游产品时详情页右侧标注"平台认证商家"并公示了该商家的证照；以及"购买须知"的"产品服务信息"中载明"该旅游产品由南京某旅行社提供"。

法院认定：根据在案证据显示，与王某就涉案旅游产品订立合同关系的是南京某旅行社，而旅游平台为王某与南京某旅行社的交易提供网络平台服务。依据《中华人民共和国消费者权益保护法》第四十四条第一款，消费者通过网络交易平台购买商品或者接受服务，其合法权益受到损害的，可以向销售者或者服务者要求赔偿。网络交易平台提供者不能提供销售者或者服务者的真实名称、地址和有效联系方式的，消费者也可以向网络交易平台提供者要求赔偿。网络交易平台提供者赔偿后，有权向销售者或者服务者追偿。本案中，被告在其平台内公示了涉案商家的身份信息，在涉案纠纷发生后，继续提供了涉案商家的信息和联系方式，履行了披露义务，王某现无证据证明被告存在明知或者应知销售者或者服务者利用其平台侵害消费者合法权益的情形，王某要求被告承担退款责任的诉讼请求，缺乏依据，本院不予支持。驳回王某全部诉讼请求。

[评析指引]

依据法律规定，旅游平台公司应对平台内经营者的信息和资质进行真实性核验、登记。如果旅游平台公司不能提供销售者或者服务者的真实名称、地址和有效联系方式的，消费者也可以向旅游平台公司提供者要求赔偿。旅游平台公司还应对平台上销售的旅游产品尽到审查义务，否则就未尽到审查义务造成的损失承担连带责任。

互联网平台经营者作为平台的提供方及受益方，应对平台尽到监管责任，但监管责任又不宜过重，应在能力范围内实现。作为平台提供商掌握大量卖方的基本信息，相对于买方有一种风险控制的能力和义务，买方基于对平台提供商的信任而购买，且平台提供商从买卖交易中获利，故平台提供商应对买方承担一种诚实信用原则的附随义务，即采用积极保护他人利益免受侵害或侵害发生时采取积极救助措施的义务。具体来说：（1）如平台提供商未尽到危险防范义务，主要指未对平台上存在的信息进行适当监控，平台提供商应对此承担相应责任；（2）如未尽到危险义务或危险警示义务，即平台提供商未采取有效措施排除已知的危险或未采取合理的措施警示，平台提供商应对此承担相应责任。比如《中华人民共和国消费者权益保护法》第四十四条第一款规定："消费者通过网络交易平台购买商品或者接受服务，其合法权益受到损害的，可以向销售者或者服务者要求赔偿。网络交易平台提供者不能提供销售者或者服务者的真实名称、地址和有效联系方式的，消费者也可以向网络交易平台提供者要求赔偿。"第四十四条第二款规定："网络交易平台提供者明知或者应知销售者或者服务者利用其平台侵害消费者合法权益，未采取必要措施的，依法与该销售者或者服务者承担连带责任。"平台提供商对网络内容履行监控能力和义务时，按照"表面合理原则"，即依据一般大众的注意义务，能明显发现的违法信息，主动删除或接到权利人发出通知而采取删除、停止平台服务即可。

（撰稿人：苗慧敏律师）

第二章　文化、娱乐、演出经营活动

一、变更演出时间未重新报批虽违法，但符合法定条件不处罚

〔案例要旨〕

演出举办单位申请举办营业性演出，提交的申请材料包括演出时间、地点、场次等，需要变更申请材料所列事项的，应依照相关规定重新报批。未重新报批的，行政主管部门有权责令改正、给予警告并处罚款，但违法行为轻微并及时改正，没有造成危害后果的，不予行政处罚。

〔基本案情及处理结果〕

某演艺经纪有限公司在未向当地文旅局重新报批的情况下，擅自将经行政主管部门已批准的在某文体中心举行的某演艺团体周年见面会的营业性演出时间由 19：30—22：00 变更为当日的 16：30—

19：20。

根据《营业性演出管理条例》第十六条规定，"申请举办营业性演出，提交的申请材料应当包括下列内容：……（二）演出时间、地点、场次；……营业性演出需要变更申请材料所列事项的，应当分别依照本条例第十三条、第十五条规定重新报批。"某演艺经纪公司的上述行为已构成擅自变更演出的时间未重新报批的违法行为。按照上述条例第四十四条之规定，"变更演出的名称、时间、地点、场次未重新报批的，由县级人民政府文化主管部门责令改正，给予警告，可以并处3万元以下的罚款"。但是，行政主管部门认为当事人已认识到错误，并保证不会再犯类似的错误，同时也未造成危害后果，属于情节轻微，遂依据《中华人民共和国行政处罚法》的相关规定作出不予行政处罚的决定。

[评析指引]

本案中，演出举办单位在举办营业性演出前虽然向行政主管部门提出过申请并得到批准，但实际举办时，演出的时间却有所提前。对于演出时间的变更，演出举办单位可能出于各种理由，但无论基于什么理由，依照《营业性演出管理条例》的要求，都应当履行重新报批的法定义务，否则就属于违法行为，需要接受行政处罚。

本案的另一特点在于，尽管行为违法，但由于情节轻微，且没有造成危害后果，因此当事人依法被免予行政处罚。我国《行政处罚法》坚持"处罚与教育相结合"的原则，对严重违法行为，采取严厉打击、查处的措施，既是对违法者的惩戒，也是对潜在违法活动的警示；而对轻微违法者，以说服教育为主，亦能起到预防严重违法行为、降低社会危害性的作用。在 2021 年 7 月 15 日修订颁布的《中华人民共和国行政处罚法》中增加的"首违不罚"规定就是"处罚与教育相结合"原则的最好体现，即"初次违法且危害后果轻微并及时改正的，可以不予行政处罚"，相信未来"柔性执法"的贯彻实施能够让老百姓感受到更多法律的温度。

（撰稿人：杨溢律师）

二、旅游公司擅自从事营业性演出经营活动，罚款上万元得不偿失

〔案例要旨〕

营业性演出是指以营利为目的为公众举办的现场文艺表演活动，从事营业性演出经营活动，应向行政主管部门提出申请，行政主管部门批准的，颁发营业性演出许可证。擅自从事营业性演出经营活动的，由行政主管部门依法没收违法所得，违法所得不足 1 万元的，并处 5 万元以上 10 万元以下罚款。

〔基本案情及处理结果〕

某行政主管部门根据群众举报线索核查发现，某旅游公司于

2023 年 5 月 20 日和 21 日，在未取得营业性演出许可证的情况下对接打铁花演出相关事宜并在某乐园广场前举办打铁花演出。该场演出某旅游公司获取违法所得人民币 882 元，但未为演员提供演出器材。某旅游公司的上述行为违反了《营业性演出管理条例》第六条的规定，构成了擅自从事营业性演出经营活动的行为，依据该条例第四十三条第一款第（一）项的规定，应予处罚。行政主管部门参照《某市文化市场综合执法行政处罚裁量基准》，最终对某旅游公司作出没收违法所得人民币 882 元并罚款人民币 7 万元的行政处罚。

[评析指引]

根据我国法律的规定，与经营旅行社业务一样，经营营业性演出经营活动也需要事先取得行政许可，否则就属于非法经营，轻则行政处罚、重则刑事犯罪。本案中，某旅游公司组织有关演员在商业场所表演打铁花演出吸引观众，既然是营业性演出，组织者就必须事先取得营业性演出许可证，否则就是违反了法律规定，依法需要承担行政责任。

虽然某旅游公司因该场演出仅取得几百元的收入，但依据《营业性演出管理条例》的规定，擅自从事营业性演出经营活动，行政主管部门除了会没收违法所得外，还会根据违法所得情况并处 8 倍以上 10 倍以下的罚款，如果没有违法所得或违法所得不足 1 万元的，处 5 万元以上 10 万元以下的罚款。本案中，某旅游公司的获利尽管不足千元，却付出了几万元的违法代价，对企业来说可谓是惨痛的教训。

本案给拟涉足营业性演出经营活动的机构和个人一个重要警示，对于我国法律明确规定必须取得行政许可的业务，绝对不能想当然从事，否则往往得不偿失。如果本案中的某旅游公司当初委托一家依法持有营业性演出许可证的演出经纪公司来操办演出一事，就不会赔了收入又被处以高额罚款了。

（撰稿人：杨溢律师）

三、未成年人对美术馆展品涂鸦致损，监护人承担赔偿责任

〔案例要旨〕

行为人因过错侵害他人民事权益造成损害的，应当承担侵权责任。未成年人造成他人损害的，由监护人承担侵权责任。监护人尽到监护职责的，可以减轻其侵权责任。侵害他人财产的，财产损失按照损失发生时的市场价格或者其他合理方式计算。

〔基本案情及处理结果〕

6岁的甲免费到某省级美术馆参观某现代知名画家的中国画个人展览，其在进入展厅参观期间，趁负责保卫展品的工作人员不备，跨越警示线突然用油性笔在一幅2米×2米的山水国画上写字。甲

的涂鸦行为被发现后，试图跟随其父亲乙离开展厅，但被工作人员阻止。事后乙没有就甲的涂鸦行为与美术馆协商解决，美术馆遂将乙起诉至法院。

法院经审理认为，美术馆开设的展厅免费对外开放，参观人员参观馆内展品必须自觉遵守参观制度。甲在参观期间跨越警示线对展品进行涂鸦的行为违反了美术馆的规定，因甲的过错行为而造成展览作品受损害，依法应承担损害赔偿的责任。由于甲是不满10周岁的未成年人，属于无民事行为能力人，其损害赔偿责任应由其法定监护人承担。乙是甲的父亲，属于法定监护人，因此乙对甲造成他人财产的损害应承担赔偿责任。

关于赔偿费用的问题，法院认为美术作品被涂污后价值贬损多少，属于一个艺术领域的专业性问题，牵涉到对画家的绘画水平、社会知名度、市场认可度等诸多因素的综合评定，对此美术馆提交了某书画公司出具的估价报告，因该公司经营书画艺术品生意，所作的书画评估结论具有一定的权威性，因此予以采信，最终判令乙赔偿美术馆被涂鸦国画作品的修复费用5000元和贬值费用27000元。

[评析指引]

《中华人民共和国民法典》第一千一百八十八条规定，无民事行为能力人、限制民事行为能力人造成他人损害的，由监护人承担侵权责任。监护人尽到监护职责的，可以减轻其侵权责任。我国对监护人责任采取的是无过错责任原则，即无论监护人是否尽到监护职责，监护人都应承担侵权责任。如果监护人尽到监护职责，其承担责任的程度可以根据具体情况适当减轻而不能完全免除。

本案中，甲（不满 8 周岁的未成年人）属于无民事行为能力人，损坏了美术馆里展出的画作，他的法定监护人即他的父亲，因为没有全程陪同参观，以致没能及时制止甲某的涂鸦行为，未尽到监护职责，没有可以减轻责任的情形，因此需要对画作的损失承担全部赔偿责任。

《中华人民共和国民法典》第一千一百八十四条规定，侵害他人财产的，财产损失按照损失发生时的市场价格或者其他合理方式计算。美术作品的价值，一般很难用金钱衡量，尤其是现代作品，很多可能都有价无市，所以对于财产损害赔偿一事，往往会产生争议。本案中，法官既参考了书画公司的估价报告，也结合该画家在山水国画领域的知名度，以及能够在省级美术馆开设个人画展，可见其作品具有较高的艺术价值和经济价值，因此确定的财产损失数额，具有一定的合理性。

借本案例嘱咐带未成年人去美术馆参观的家长们，让孩子从小接受美育教育没错，但在公共场所也要注意看管好孩子，别让好事变囧事。

（撰稿人：杨溢律师）

四、娱乐场所提供有偿陪侍收取的服务费能要求返还吗

［案例要旨］

以营利为目的的娱乐场所及其从业人员不得提供或者从事以营利为目的的陪侍，提供以营利为目的的陪酒、陪唱等有偿陪侍服务属于违法行为，依法应没收违法所得。同时，有偿陪侍违背公序良俗，也与社会主义核心价值观相悖，不应提倡。

［基本案情及处理结果］

张某于 2021 年 1 月 8 日和朋友共 2 人到某 KTV 消费，KTV 开具了消费清单，消费项目含包厢费和各种酒水零食，合计 3403 元。但 KTV 在收费时表示消费金额共计 5103 元，理由是让三名女性服务员和一名男性服务员到包厢里进行点歌及倒酒服务，产生了 1700 元的服务费，KTV 前台工作人员在消费单下方手写"小妹 600 元 1 位，2 位 =1200 元，公主 1 位 400 元，少爷 1 位 100 元"。针对 KTV 收取的这 1700 元服务费，张某认为 KTV 未明码标价及提前告知，属于价格欺诈，遂起诉至法院要求返还。

法院经审理认为，本案争议的焦点之一是有偿陪侍收取的服务费是否应予返还。根据《娱乐场所管理条例》第十四条之规定，娱乐场所及其从业人员不得提供或者从事以营利为目的的陪侍，故在

我国的营业性质娱乐场所中，提供以营利为目的的陪酒、陪唱等有偿陪侍都属于违法行为，既与社会主义核心价值观所倡导的文明、法治相悖，又违背公序良俗。民事主体提供或者从事文娱活动，都需要弘扬社会主义核心价值观，传递积极人生追求、高尚思想境界和健康的生活情趣，让健康文明的文娱活动成为弘扬社会主义核心价值观的生动载体。

具体到本案中，某KTV作为从事娱乐服务的经营者，其提供有偿陪侍服务，既不符合社会主义核心价值观的要求，更违反了行政法规的强制性规定；同时，张某在KTV娱乐消费时，接受有偿陪侍服务，属于不健康不文明的文娱活动，亦不符合社会主义核心价值观的要求。因此，法院对张某主张退还该笔服务费1700元的诉讼请求不予支持，对KTV收取有偿陪侍的违法经营所得，依程序向公安机关提出司法建议，由公安机关依法予以处理。

〔评析指引〕

邀请三五好友到娱乐场所放松本无可厚非，但为了满足虚荣心花钱雇人陪唱、陪喝就明显不妥，不仅触犯法律的底线，还有悖公序良俗。本案中的张某，在娱乐场所享受完有偿陪侍后觉得价格高吃了亏，竟无知地想借用法律的武器来为自己违法的行为撑腰，结果当然是不可能被支持。

此外，通过本案也给娱乐场所的经营者们提个醒，依据《娱乐场所管理条例》第四十三条之规定，如果实施有偿陪侍的行为被发现，公安机关可处没收违法所得和非法财物的处罚，并责令停业整顿3个月至6个月；情节严重的，还会被吊销娱乐经营许可证，对直接责任人员也会有1万元以上2万元以下的罚款。

（撰稿人：杨溢律师）

五、娱乐场所违法招用未成年人，要按月处罚

〔案例要旨〕

娱乐场所招用未成年人，除了由行政主管部门责令改正外，还要按照每招用一名未成年人每月处5000元罚款的标准给予行政处罚。

〔基本案情及处理结果〕

2022年6月23日，行政主管部门收到110联动交办单，投诉人反映某KTV有使用童工的情况，执法人员遂到派出所了解情况，并将6名涉案人员带回制作谈话笔录。后询问某KTV负责人，其承认该6名人员在娱乐场所上班，存在雇用未成年人的行为。经调查，6名涉案人员案发时均未满18周岁，均系未成年人，她们于4月至6月期间在某KTV工作，工作期间均无底薪，按提成收益。

行政主管部门认为，某KTV招用未成年人的行为，不仅侵害了未成年人的身心健康和合法权益，还违反了《娱乐场所管理条例》第二十四条之规定"娱乐场所不得招用未成年人"，遂依据该条例第

五十二条"娱乐场所招用未成年人的，由劳动保障行政部门责令改正，并按照每招用一名未成年人每月处5000元罚款的标准给予处罚"之规定，对某KTV作出罚款人民币6万元的行政处罚。

[评析指引]

我国《中华人民共和国民法典》规定，不满18周岁的自然人为未成年人。其中，不满16周岁（不包括本数）的未成年人，用人单位是不得招用的，也称禁止使用童工；16周岁以上（包括本数）的未成年人，法律是允许其从事部分工作的，但不包括在娱乐场所工作。这一点，不仅体现在上述《娱乐场所管理条例》中，在《中华人民共和国未成年人保护法》里也有明确规定，第六十一条"营业性娱乐场所、酒吧、互联网上网服务营业场所等不适宜未成年人活动的场所不得招用已满十六周岁的未成年人"。而且，对于娱乐场所违反该条规定的处罚，《中华人民共和国未成年人保护法》的处罚力度也要比《娱乐场所管理条例》更加严格，但在实践中如何适用，还需要不同行政主管部门之间按照职责分工根据具体情况来处理。

虽然法律并不禁止16周岁以上的未成年人打工，但对打工的地点却有明确限制，比如一些不适宜未成年人活动的场所（如KTV、酒吧、网吧等），就是法律明文禁止的。而对于这些场所的经营者招用未成年人的违法行为，法律法规也是严厉打击的，不仅会被没收违法所得，还会被处以高额罚款，情节严重的甚至会被吊销相关许可证及营业执照。所以，在此奉劝娱乐场所的经营者们，保护未成年人的身心健康是全社会的义务，招人时一定要在年龄上严格把关，不要轻易触碰法律的底线。

（撰稿人：杨溢律师）

六、点歌系统内含有违背社会公德的曲目，娱乐场所因此被处罚

〔案例要旨〕

娱乐场所内的娱乐活动禁止含有违背社会公德或民族优秀传统文化的内容，其中歌舞娱乐场所播放的曲目和屏幕画面也禁止含有违背社会公德的内容，否则行政主管部门有权依法没收违法所得和非法财物并处罚款，情节严重的，还可责令停业整顿。

〔基本案情及处理结果〕

2023 年 3 月 30 日，行政执法人员对某歌舞娱乐场所进行检查，在包间的曲目点歌系统里发现共 3 首曲目，点击后均可以正常完整播放。其中，曲目《口无遮拦》，歌词含有粗言秽语，违背社会公德；曲目《不是钱的事，有钱就没事》，歌词含有"不是钱的事，有钱就没事""没钱真难过，花钱鬼推磨""钱让多少男人拈花又惹草，钱让多少情人走投又无路"等，过分宣扬金钱作用，且画面中全程人

民币到处飞，违背社会公德；曲目《月影醉》，MV画面中一个女人全程裸体进行演唱，还多次出现女人胸部特写镜头，宣扬淫秽内容。

行政主管部门认为，上述行为属于歌舞娱乐场所播放的曲目、屏幕画面含有《娱乐场所管理条例》第十三条禁止的内容，遂依据该条例第四十八条第（二）项的规定，对该娱乐场所处以人民币1万元的罚款。

〔评析指引〕

国家鼓励娱乐场所传播民族优秀文化艺术，提供面向大众的、健康有益的文化娱乐内容和服务。但在本案中，某歌舞娱乐场所点歌系统内播放的曲目，不仅有宣扬淫秽、暴力的成分，严重污染社会文化；而且含有违背社会公德的内容，这是被《娱乐场所管理条例》明文禁止的。所以，该歌舞娱乐场所受到行政处罚是咎由自取。

在此提醒各歌舞娱乐场所的经营者，认真落实主体责任，加大文化产品内容的自审自查，自觉抵制违法经营行为。尤其对于不时爆出来的劣迹艺人，要时刻保持警觉，及时下架其相关作品，避免因违法而被予以处罚。

（撰稿人：杨溢律师）

七、脱口秀演员表演中擅自改词造成恶劣影响被严重处罚

〔案例要旨〕

营业性演出不得有危害社会公德或民族优秀传统文化的情形，否则行政主管部门有权责令其停止演出，没收违法所得并处罚款，情节严重还会被吊销营业性演出许可证。违反治安管理规定的，由公安部门依法予以处罚；构成犯罪的，依法追究刑事责任。

〔基本案情及处理结果〕

2023 年 5 月 15 日，北京市文化市场综合执法总队接群众举报，决定对上海某公司依法立案调查。经查实，该公司及其演员李某肆意篡改演出申报内容，在 5 月 13 日下午、晚上连续两场脱口秀演出中出现严重侮辱人民军队的情节，造成恶劣社会影响。

该公司行为违反了《营业性演出管理条例》第二十五条、第二十六条规定，依据该条例第四十六条规定，执法总队决定对该公司作出相应行政处罚，包括警告、没收违法所得 1325381.6 元、罚款 13353816 元。对涉案人员及其演出经纪机构和演出场所经营单位相关违规行为将进一步依法依规追究责任。北京市文化和旅游局决定无限期暂停涉事公司在京所有演出活动。

〔评析指引〕

近年来，脱口秀表演以其讽刺、幽默的内容和轻松的演出氛围，赢得了大量年轻人的喜爱，表现出非常强的娱乐感染力。有些脱口秀演员，为了博取流量、讨好观众，脱口而出一些只求"笑果"、不计后果的"大胆"言论，完全不顾道德的约束和法律的底线，就像本案中的演员李某，等待他们的必然是社会的谴责和法律的制裁。

此外，脱口秀作为一种演出的新兴业态，其举办单位要清楚脱口秀演出也属于营业性演出的一种，应当在严格遵守《营业性演出管理条例》等国家相关法律法规的前提下开展经营活动，尤其是对演出内容的把关，要帮助演员们守住合法合规的底线，也是避免企业自身的经营风险。

（撰稿人：杨溢律师）

八、为演员假唱提供条件，演出举办单位被处罚

〔案例要旨〕

演员不得以假唱欺骗观众，演出举办单位不得组织演员假唱。任何单位或者个人不得为假唱提供条件。演出举办单位应当派专人对演出进行监督，防止假唱行为的发生。演出举办单位为演员假唱

提供条件的，行政主管部门有权向社会公布并处以罚款。

〔基本案情及处理结果〕

某地行政主管部门接群众举报调查发现，2020 年 9 月某晚，A 公司受 B 公司委托，在某剧场举办了一场歌会，主要演员是 ××× 等人，演出节目是《LL》等歌曲。A 公司提交了当晚歌会的音频和录像资料并表示，录像资料由 B 公司全程现场录制，现场播放伴奏带也是 B 公司具体操作。音频资料中包含了现场演唱的歌曲的伴奏音频，其中 ××× 演唱的《S》这首歌是原声带，其余的歌是纯伴奏带。当晚的歌会中，因 ××× 现场演唱时播放的是原声带，其唱到某句歌词时，由于忘记举麦，未开口歌声却已播出，音质无损，存在假唱的违法行为。

行政主管部门认为，在当晚举行的歌会中，A 公司作为演出举办单位，没有安排专人在演出现场对演唱、演奏行为进行监督，为演员假唱提供了条件，导致了假唱发生。上述行为违反了《营业性演出管理条例》第二十八条的规定，依据该条例第四十七条第四款的规定"为演员假唱提供条件的"，由县级人民政府文化主管部门处 5000 元以上 1 万元以下的罚款。最终决定作出罚款 5000 元的行政处罚。至于假唱的演员，当时因为疫情原因，调查询问及证据搜集存在困难，故将假唱线索移交属地管理部门另案处理。

〔评析指引〕

文旅部颁布的《营业性演出管理条例实施细则》第二十六条对

"假唱""假演奏"进行了法律定义，是指"演员在演出过程中，使用事先录制好的歌曲、乐曲代替现场演唱、演奏的行为"，同时要求营业性演出不得以假唱、假演奏等手段欺骗观众，演出举办单位应当派专人对演唱、演奏行为进行监督，并作出记录备查。记录内容包括演员、乐队、曲目的名称和演唱、演奏过程的基本情况，并由演出举办单位负责人和监督人员签字确认。

本案中，因为有歌会现场的音频和录像资料，所以违法行为事实清楚、证据确凿，行政主管部门依法对为演员假唱提供条件的演出举办单位进行了处罚。而在其他一些涉嫌假唱的案例中，当执法人员要求演出举办单位出示现场演唱、演奏记录时，举办单位往往表示无现场记录，只有监控视频、没有声音资料等，以致无法对假唱、假演奏等内容进行核实。不过，按照上述实施细则的规定，演出举办单位如果没有现场演唱、演奏记录的，还是会被处以 3000 元以下罚款。

营业性演出的假唱、假演奏行为，道德上辜负了观众的期待、法律上突破了限定的责任，势必要付出昂贵的代价，罚款数额相比获取收益虽不大，但向社会公布足以让一些演员"社死"。所以在此奉劝演出举办单位和演员们，严守职业道德和操守，尊重并善待每一位观众。

（撰稿人：杨溢律师）

九、未经批准出售营业性演出活动门票，举办单位被处罚

［案例要旨］

营业性演出活动经批准后方可出售门票，未经批准擅自出售演出门票的，由行政主管部门责令停止违法活动并处以罚款。

［基本案情及处理结果］

2021 年 5 月 31 日，行政主管部门在进行网络巡查时发现某教育培训机构微信公众号中有某儿童剧的售票信息，且该场演出未经审批。经查，该场演出是由某教育培训机构委托某公司举办，该公司在此次营业性演出活动未经批准的情况下于 2021 年 5 月 26 日通过网络擅自出售演出门票。

根据文化和旅游部颁布的《营业性演出管理条例实施细则》（2022 修订）第二十五条规定"营业性演出活动经批准后方可出售门票"，以及第五十条规定"违反本实施细则第二十五条规定，未经批准，擅自出售演出门票的，由县级人民政府文化和旅游主管部门责令停止违法活动，并处 3 万元以下罚款"。鉴于某公司未经批准擅自出售演出门票的违法事实清楚、证据确凿，行政主管部门对其作出罚款 2 万元的行政处罚。

〔评析指引〕

疫情缓解后，国内营业性演出市场开始活跃，随之而来的票务纠纷也在不断发生，如频繁出现的囤票捂票炒票、虚假宣传、交易不透明等违法违规演出票务经营行为，严重损害了消费者权益，扰乱了演出市场正常秩序。本案中的举办单位就是在没有取得行政主管部门批准的情形下，擅自出售营业性演出活动的门票，最终承担了相关行政责任。

另需提醒门票销售代理机构的是，出售营业性演出门票，除了要经行政主管部门的批准外，事先获得举办单位的授权也是必要前提。演出举办单位除自行经营演出票务外，应当委托具有资质的演出票务经营单位经营本单位营业性演出门票。演出票务经营单位经营营业性演出门票，应当取得演出举办单位授权。取得授权的演出票务经营单位，可以委托其他具有演出票务经营资质的机构代售演出门票。未经委托或授权，演出票务经营单位不得经营营业性演出门票。

（撰稿人：杨溢律师）

项目策划：张芸艳
责任编辑：张芸艳
责任印制：钱　宬
封面设计：武爱听

图书在版编目（CIP）数据

北京文旅行业服务纠纷调解与裁判规则详解. 第一辑/
北京市文化和旅游局市场质量监督与咨询服务中心编著.
-- 北京 ： 中国旅游出版社，2024.4
　ISBN 978-7-5032-7285-1

　Ⅰ. ①北… Ⅱ. ①北… Ⅲ. ①文娱活动－商业服务－
经济纠纷－案例－北京②旅游业－旅游服务－经济纠纷－
案例－北京 Ⅳ. ①D927.102.294.5

中国国家版本馆CIP数据核字(2024)第015050号

书　　　名：北京文旅行业服务纠纷调解与裁判规则详解（第一辑）

作　　　者：北京市文化和旅游局市场质量监督与咨询服务中心
出版发行：中国旅游出版社
　　　　　（北京静安东里6号　邮编：100028）
　　　　　http://www.cttp.net.cn　E-mail:cttp@mct.gov.cn
　　　　　营销中心电话：010-57377103，010-57377106
　　　　　读者服务部电话：010-57377107
排　　版：北京旅教文化传播有限公司
经　　销：全国各地新华书店
印　　刷：三河市灵山芝兰印刷有限公司
版　　次：2024年4月第1版　2024年4月第1次印刷
开　　本：720毫米×970毫米　1/16
印　　张：13.5
字　　数：139千
定　　价：59.80元
ISBN　978-7-5032-7285-1
